AFFAIRE ESTERHAZY

Identité absolue des Ecritures

Le BORDEREAU est l'œuvre du Commandant Esterhazy

[illegible]

Bordereau.... Sans nouvelles m'indiquant que vous
désirez me voir, je vous adresse cependant

Esterhazy.... [illegible]. J'ai [illegible]
[illegible]

Bordereau.... Monsieur, quelques renseignements intéressants
1° une note sur le frein hydraulique

Esterhazy.... [illegible]
[illegible]

Bordereau.... du 120 et la manière dont s'est conduite
cette pièce.

Esterhazy.... [illegible]
[illegible]

Bordereau.... 2° une note sur les troupes de couverture
(quelques modifications seront apportées par

Esterhazy.... [illegible]
[illegible]

Bordereau.... le nouveau plan).
3° une note sur une modification aux

Esterhazy.... [illegible]
[illegible]

Bordereau.... formations de l'artillerie;
4° une note relative à Madagascar.

Esterhazy.... [illegible]
[illegible]

Bordereau.... 5° le projet de manuel de tir de
l'artillerie de campagne (14 mars 1894).

Esterhazy.... [illegible]
[illegible]

Bordereau.... Ce dernier document est extrêmement
difficile à se procurer et je ne puis

Esterhazy.... [illegible]
[illegible]

Der Handschriftenvergleich: rechts das Dreyfus belastende Dokument,
links die Handschrift Esterhazys.

Léon Blum

Beschwörung der Schatten

Die Affäre Dreyfus

Aus dem Französischen, mit einer Einleitung und mit
Anmerkungen versehen von Joachim Kalka

BERENBERG

Einleitung

Der 1872 geborene Léon Blum durchlebte als junger Jurist und Literat die Dreyfus-Affäre, der dieses kleine Buch gewidmet ist; dies Drama dürfte ihn – nächst seiner mit der Affäre Dreyfus in enger Verbindung zu sehenden Begegnung mit Jean Jaurès – aufs entschiedenste politisiert haben. Später, 1919 in die Kammer gewählt, wurde er einer der parlamentarischen Führer des französischen Sozialismus. Mit seinem Namen verbindet sich heute vor allem die Erinnerung an die von ihm geführten französischen Volksfront-Regierungen der Jahre 1936 bis 1938. Dem *front populaire*, zu dem sich die Linksparteien unter dem Eindruck der Weltwirtschaftskrise und der Gewalttätigkeit der faschistischen *ligues* zusammenschlossen, gelangen einige epochale Sozialreformen wie etwa die Einführung des bezahlten Urlaubs; man kann die Aufbruchsstimmung dieser Jahre noch in Filmen wie Jean Renoirs *La vie est à nous* erspüren. Es gibt den Brief eines alten Arbeiters, der dem Ministerpräsidenten dankt, daß er ihm ermöglicht habe, einmal in seinem Leben das Meer zu sehen. Doch blieben derartige Gesetze, wie sich rasch zeigte, isolierte Erfolge. Die Volksfront scheiterte nicht nur an ihren strategischen Kontroversen (dem Konflikt um die England zuliebe unterlassene Unterstützung für die Republikaner im Spanischen Bürgerkrieg, schließlich dem Zerwürfnis über das Münchner Abkommen), sondern vor allem an der fortdauernden Arbeitslosigkeit und der wirtschaftlichen Stagnation.

Nach der Niederlage Frankreichs im Zweiten Weltkrieg stellte sich Blum offen gegen die kollaborationistische Rechte und rief die Sozialisten zur Opposition auf; in dem Prozeß, den ihm die Vichy-Regierung im Februar 1942 machte, gelang ihm und seinen Mitangeklagten eine so elegante und eindrucksvolle Verteidigung, daß das Verfahren schließlich abgebrochen wurde. Er blieb bis zum Kriegsende im Gefängnis – zuerst in Frankreich, dann war er in Deutschland interniert. 1946 kehrte er zurück und übernahm die sechswöchige provisorische Regierung bis zu den ersten allgemeinen Wahlen. Er führte noch ein, zwei wichtige diplomatische Missionen durch; darauf zog er sich, die Rolle eines *elder statesman* ausschlagend, auf sein Anwesen in Jouy-en-Josas zurück, wo er bis zu seinem Tode 1950 lebte.

Seine Schilderung der Affäre Dreyfus hat den Reiz der immer noch frischen, in energischer und naiver Unmittelbarkeit aufbewahrten Jugenderinnerung; dazu tritt jedoch die traurige Würde der Reflexion eines skeptisch gewordenen Mannes, der Reflexion, die ein politisch Verantwortlicher anstellt angesichts einer *au fond* immer noch unbegreiflichen Ungeheuerlichkeit.

*

Es ist nicht einfach, kurz zusammenzufassen, was in der Affäre Dreyfus geschah – nicht nur der Intrigen, Fälschungen, Verhüllungen wegen, die von Anbeginn die Untersuchungen und Gerichtsverfahren begleiteten, sondern auch deswegen, weil die Tragödie des Hauptmanns Dreyfus und seine schließliche Rehabilitation sich vor dem Hintergrund verwirrender politischer Wechselfälle abspielen, von ständigen Regierungsumbildungen, Koalitionen, Ministerstürzen, Rücktritten – all dies im hitzigen Klima der Auseinandersetzungen nach dem gegen Deutschland verlorenen Krieg und der Agitationen, welche die immer noch prekäre zweite Republik bedrohten, und zwar grundsätzlich, als Staatsform.

In dürren Worten: Im Jahre 1894 findet die Spionageabwehr des französischen Militärs ein Schriftstück – den berühmten *bordereau* –, welches darauf hindeutet, daß ein hoher Offizier den deutschen Militärattaché Schwarzkoppen mit geheimen Informationen versorgt. Im Dezember wird der aus einer jüdischen Familie des Elsaß stammende Artilleriehauptmann Dreyfus, der seit einiger Zeit dem Generalstab zugeteilt ist, als Verfasser des Bordereau identifiziert und vom Kriegsgericht als vaterlandsverräterischer Spion verurteilt. Am 5. Januar 1895 wird er förmlich degradiert, die Epauletten werden ihm abgerissen, der Säbel wird zerbrochen (die Zeremonie findet im Innenhof der École Militaire statt; eine Photographie gibt es nicht, aber der Moment ist unzählige Male in der Bildpublizistik der Zeit imaginiert worden, in Reporterzeichnungen und Karikaturen). Am 13. April landet Dreyfus auf der Teufelsinsel vor

Französisch-Guayana, dem Ort seiner Gefangenschaft, die sich unter folterähnlichen Bedingungen vollziehen wird.

Die Öffentlichkeit beruhigt sich rasch wieder; langsam erst formiert sich eine Bewegung derjenigen, die von Dreyfus' Unschuld überzeugt sind und seiner Familie bei ihren Anstrengungen helfen, diese zu beweisen. Zu ihren wichtigsten Kämpfern gehört der Publizist Bernard Lazare (dessen private Veröffentlichung einer Flugschrift mit dem Bordereau-Faksimile einen Bankier eines Tages auf dem Boulevard die Handschrift des wahren Spions, der zu seinen Kunden gehört, erkennen läßt); doch die dreyfusistische Bewegung kommt erst langsam in Gang. Es gehört zu den wichtigsten Zügen von Blums Bericht, daß er hervorhebt, in welchem Maße selbst für einen späteren leidenschaftlichen Parteigänger wie ihn selbst diese *cause célèbre* zunächst verschollen und vergessen war, als einzelne wenige den Kampf aufnahmen. Inzwischen hatte der Chef des Nachrichtenbüros beim Generalstab, Major Picquart, als den wahren Verfasser des Bordereau und den wirklichen Spion einen Major Esterhazy entdeckt, eine singulär korrupte und skrupellose Figur; Picquart ist jedoch nach außen an seine Schweigepflicht gebunden. Die Spitzen des Militärs reagieren auf seine interne Enthüllung mit Drohungen und Fälschungen; Picquart wird nach Algerien versetzt. Die dreyfusistische Agitation gewinnt an Breite und Tempo, führende Dreyfusards, etwa der Senator Scheurer-Kestner, setzen jedoch immer noch auf eine nicht vorhandene Bereitschaft der Regierung zur Aufklärung des Falles. Der schließlich offen als wahrer Spion angegriffene Esterhazy verlangt ein Kriegsgerichtsverfahren, um seine Ehre wiederherzustellen; er wird im Januar 1898 freigesprochen. Unmittelbar auf diesen Schlag folgt jedoch Zolas »J'Accuse« in der *Aurore* Clemenceaus. Die Nation spaltet sich immer schärfer und kompromißloser. Es kommt zu Pogromen in Algerien und in der französischen Provinz. Picquart wird aus der Armee entlassen und schließlich wegen Geheimnisverrats verhaftet. Zola wird wegen Verleumdung zu einem Jahr Haft verurteilt und flieht nach Abweisung der Berufung nach England. Im Juli 1898 verliest Cavaignac, der Kriegsminister der neugewählten Regierung, die von hohen Militärs gefälschten Schriftstücke, welche Dreyfus' Schuld beweisen sollen, in der

Kammer. Rechtsradikale Organisationen formieren sich und planen den Staatsstreich. Das ist der Nadir der Affäre Dreyfus; langsam – immer noch quälend langsam – wendet sich nun das Blatt durch komplizierte juristische und politische Interventionen und den stetig wachsenden Druck der Öffentlichkeit. Die im Juni 1899 gebildete Regierung Waldeck-Rousseau setzt auf einen Kompromiß: Ein neues Verfahren in Rennes spricht Dreyfus schuldig, billigt ihm mildernde Umstände zu und reduziert sein Strafmaß auf zehn Jahre; einige Wochen später nimmt Dreyfus die ihm angebotene (vom radikalen Flügel der Dreyfusards abgelehnte) Begnadigung an. Der Kriegsminister Galliffet erklärt den »Zwischenfall für beendet«. Der zurückgekehrte Dreyfus kommt um ein Wiederaufnahmeverfahren ein; im Juli 1906 hebt der Kassationshof endgültig das Urteil von Rennes auf und rehabilitiert Dreyfus, der am nächsten Tag mit Majorsrang reaktiviert wird. Der unbeugsame Picquart kehrt mit dem Rang eines Brigadegenerals in die Armee zurück; beides wird von weiten Teilen des unversöhnlichen Militärs als Provokation empfunden. Eine Woche später wird Dreyfus Ritter der Ehrenlegion.

Was sich dem lückenhaften Gedächtnis der späteren Generationen als ein vager Triumph der guten Sache darstellt, bleibt etwas zutiefst Ambivalentes – die Wahrheit siegt, aber ihr Vormarsch wird immer wieder von Rückschritten unterbrochen, ist reich an grotesken Episoden und unerwarteten Hindernissen, und am Ende hat sie für ihren Sieg einen hohen Preis bezahlt. Der Sieg ist übrigens nicht zuletzt – was Blum hervorhebt – dem großen persönlichen Mut Zolas zu danken, dessen »J'Accuse« in einem Augenblick erschien, am 13. Januar 1899, da die Hoffnungen auf Gerechtigkeit durch den Freispruch Esterhazys am 11. Januar zutiefst enttäuscht worden waren. Die Rechte hat Zola nie verziehen; es sind denn auch nie die (der Plausibilität nicht ganz entbehrenden) Spekulationen verstummt, daß sein Tod am 29.9.1902 – er erstickte an den Gasen, die sich eines verstopften Kamins wegen in seinem Schlafzimmer bildeten – kein Unfall war, sondern daß der Schriftsteller das Opfer eines chauvinistischen Komplotts wurde.

Die Nation spaltete sich in einer Weise, wie es vielleicht nie zuvor oder nachher in Frankreich oder anderswo zu beobachten war. Zu den reizvollsten Zügen der Schilderung Blums gehört die Ungewißheit der ersten Wochen und Monate, nachdem die Affäre richtig begonnen hatte, wie sich wohl die bekanntesten Publizisten und »Intellektuellen« (um hier ein Wort zu verwenden, das sich vor allem im Zuge der Affäre durchgesetzt hat) verhalten würden: Wer stellt sich auf die Seite Dreyfus', wer weigert sich, wer zögert? Blum hat aus den tiefen Enttäuschungen und freudigen Überraschungen dieser Jugendwochen den Schluß gezogen, in einer wirklichen Krisis könne man das Verhalten eines Menschen nie aus seinen bisherigen Handlungen ableiten.

*

»Sie wissen ja, warum man die Beweise für Dreyfus' Verrat nicht offenlegen will. Er ist anscheinend der Liebhaber der Gattin des Kriegsministers, wie man hört.« – »Ah ja? Und ich dachte, von der Frau des Ministerpräsidenten.« Das ist ein Fetzchen Konversation aus der *Suche nach der verlorenen Zeit* – aus der langen Szene im Salon der Guermantes, wo Dreyfus das Hauptthema abgibt. Die Affäre, die Proust noch sehr viel stärker beschäftigt hat, als es die *Recherche* ohnehin erkennnen läßt, erscheint hier als Tagesgespräch. Das war sie eine Zeitlang nicht nur in Frankreich.

Die Dreyfus-Affäre war ein Ereignis von europäischer Resonanz. »Es ist kaum glaublich, wie diese Frage bis in die untersten Schichten die Gemüter erregt: kamen doch die Bäuerlein vielfach am späten Abend noch an den Postschalter, ihr Käseblättchen zu holen, das sie sonst erst tags darauf erhalten, um Neues über den Prozeß zu hören«, schreibt die Baronin Spitzemberg, die Witwe des württembergischen Gesandten in Berlin, in ihr berühmtes Tagebuch (10. September 1899, nach Dreyfus' zweiter Verurteilung – die Autorin befindet sich in Hemmingen, in der süddeutschen Provinz). Die Diskussionen in Deutschland und Österreich sind ein Thema für sich. Das erstaunliche Schauspiel, daß Wilhelm Liebknecht in der *Fackel* des jungen Karl Kraus eine Reihe scharf antidreyfusistischer Aufsätze drucken ließ, erklärt sich wohl aus seiner Furcht, das Reich könne die Affäre zum Anlaß einer verschärft gegen das diskreditierte Frankreich gerichteten Politik nehmen.

Blums kleine Schrift bietet ein Geschichtspanorama *in nuce*: Ein Zug der Gestalten: Bekannte Figuren in winzigen Nebenrollen, Vergessene, denen der Ruhm ihrer unerschütterlichen Haltung zurückgegeben wird, der Zahnarzt und der Zeitungsverkäufer Blums, die sich zu seiner Überraschung mit einemmal als Dreyfusards zu erkennen geben. Man hat hier ein winziges Handbuch der französischen Politik und Gesellschaft um 1900: Proust und Anna de Noailles, Clemenceau und Bertillon – und all die politischen Routiniers, Opportunisten, Kretins und Strategen, die einen Augenblick lang in die Helle seiner Darstellung treten.

*

Blums *Souvenirs* sind bei aller Strenge der Wahrheitsprüfung von großer Intimität; sie sind das Fragment einer ungeschriebenen Autobiographie. Er verzichtet bewußt darauf, Dokumente und Dossiers zu konsultieren, er arbeitet nur mit dem eigenen Gedächtnis. Und dieses beauftragt er mit einer Schattenbeschwörung, er schart die Gestalten seiner Jugend um sich, seiner Initiation in die Politik. Der Text ist bewegend; er ist – man muß es selbst angesichts der drohend dunklen Grundierung sagen – höchst unterhaltend, von der heraufbeschworenen Energie der Jugend belebt; und er ist darüber hinaus höchst instruktiv. Im Jahre 1935, angesichts der heraufziehenden größten Katastrophe Europas, meditiert ein Politiker und *homme de lettres* über das große Ereignis seiner jungen Jahre, das eine Zeitlang alle anderen Fragen, ja, für die engagierten Verfechter der Unschuld Dreyfus' selbst das ganze Alltagsleben völlig in den Hintergrund drängte. Der Anlaß für die Niederschrift ist der Tod des längst rehabilitierten, in allen Ehren wieder in die Armee aufgenommenen Dreyfus, der im Ersten Weltkrieg als Oberstleutnant eine Artillerieeinheit befehligt hatte. Aber über diesen chronikalischen Anlaß hinaus scheint eine tiefere Beunruhigung wirksam. Sie färbt noch den elegischen Ton, den manche Seiten des Buches haben. Blum versenkt sich zwar in seine Erinnerungen, um sich an der eigenen Jugendfrische zu ergötzen und der verschwundenen Kampfgenossen zu gedenken – das Buch ist den »verlorenen Freunden« gewidmet, *amissis amicis.* (Auch hier mag ein Doppelsinn mitschwingen: Es sind dies die mittlerweile verstorbenen Freunde – so, wie er sein schönes kleines Buch über Stendhal Lucien Herr gewidmet hat, *amico amisso* – und es mögen darunter auch jene Freunde sein, die er verlor, als die französische Gesellschaft sich in zwei Lager spaltete.) Die eigentliche, verborgene Aufgabe aber, die in dieser Gedächtnisarbeit impliziert war, konnte Léon Blum – wie er klar empfand – nicht bewältigen; ihre fortwirkende Beunruhigung mündet in die tiefe Besorgnis angesichts des Faschismus. Die Aufgabe scheint auch heute unlösbar: Es ginge nämlich darum, eine dem Außenstehenden einleuchtende Begründung für den intransigenten, durch keine Vernunft und keine Einsicht auszulöschenden Haß zu finden, mit dem die Rechte Dreyfus verfolgte, auch nachdem seine Unschuld offensichtlich war. Blum schildert sehr eindringlich das fassungslose Erstaunen, die Betäubung der Dreyfusards, die sich schon sehr früh am Ziel sahen und dachten, die Nation würde nun, da die Wahrheit auf dem Tisch lag, »den verlorenen Sohn« im Triumph aus der Verbannung zurückholen. Nichts dergleichen: Es erhob sich eine Mauer der kalten Weigerung. Vorsichtig formuliert er (über den unbändigen Vernichtungswillen der Antidreyfusards): »Was trieb sie an? Was lenkte sie? Selbst heute, im Abstand von fünfunddreißig Jahren, da ich diese Vergangenheit mit gereifter und kühler Vernunft betrachte, scheint es mir, als fehlten mir immer noch Elemente einer Lösung dieser Frage.« Und diese Frage stellte sich 1935 bereits im langen Schatten jener Katastrophe, als deren ferne Ouvertüre die Dreyfus-Affäre sich erweisen sollte – sie gab mit finsterster Drohung noch einmal das schäbige, monströse, offenbare und unergründliche Rätsel des nationalistischen Furors und des Antisemitismus auf. Nicht ohne ein Frösteln liest man die erste Erwähnung der Affäre in den Tagebüchern von Harry Graf Kessler. Die Eintragung vom 28.1.1898 notiert Bemerkungen des Kunsthistorikers Julius Meier-Graefe, und darunter jene: Sie sei »ein praktischer Kursus der Staatswissenschaft extra für Juden«.

Joachim Kalka

Léon Blum (1872–1950)

Dieses Buch vereinigt sieben Artikel, die in der Marianne zwischen dem 24. Juli und dem 7. September 1935 veröffentlicht wurden. Ich habe an ihrem rasch geschriebenen Text nichts geändert. Weder bei der Durchsicht der Druckfahnen dieses Buches noch bei der Niederschrift der Artikel selbst habe ich auf die Originaldokumente zurückgegriffen. Wenn ich die Tür zur dreyfusistischen Bibliothek auch nur ein wenig geöffnet hätte, so wäre meinem Bekenntnis der Anschein oder Anspruch eines Geschichtswerks zugewachsen. Es hätte die ganze Spontaneität verloren, die wahrscheinlich sein eigentliches Verdienst ist. Und es hätte mich selbst nicht mehr zufriedengestellt. Das Bedürfnis, das ich verspürt habe, war es, den Fluß der Erinnerungen, den der Tod von Hauptmann Dreyfus aufsteigen ließ, sich frei verströmen zu lassen, in mir und dann im Äußeren.

Wenn ich mich derart der eigenen Erinnerung hingebe, setze ich mich von vornherein dem Risiko aus, manchen Fehler zu begehen. Freunde und Korrespondenten, denen ich hiermit danke, haben mich auf einige aufmerksam gemacht. Sie sind in meinem Text stehengeblieben, den ich nicht angerührt habe. Aber da ich sie dem Leser nicht verbergen wollte, werden sie in den Fußnoten aufgezeigt und berichtigt.

L. B.

amissis amicis

1

Einige Wochen nach dem Prozeß von Rennes und der Begnadigung ließ Félix Vallotton einen Holzschnitt erscheinen, den ich immer noch vor mir sehe. Hauptmann Dreyfus, ernst und schwarz, sitzt dem Betrachter gegenüber auf einem Stuhl; er hat zwei fröhliche kleine Kinder auf den Knien, doch er scheint den Blick abzuwenden, als das kleinere sagt: »Vater, eine Geschichte! …«

Eine Geschichte? Der Hauptmann Dreyfus wäre nicht imstande gewesen, die seine zu erzählen. Er hatte sie nicht begriffen; er kannte sie nicht. Er starb dann schließlich nach dreißig Jahren williger Unauffälligkeit, er, der die Welt mit dem Klang seines Namens erfüllt hatte, und vielleicht hat er seine Geschichte auch vergessen. Er war ein bescheidener Mensch, ein ernsthafter Mann, der nichts Heldisches hatte, außer einer stummen, unerschütterlichen Courage. Da er von vollkommener Einfachheit war, da es ihm an Prestige, an Bravour, an Eloquenz fehlte, stand ihm vor seinen Richtern nicht der Schrei der Unschuld zu Gebote. In den Briefen, die er während der fünf Jahre auf der Teufelsinsel an seine Frau schrieb, findet man nicht die geringste Regung der Auflehnung. Die Einordnung in die Hierarchie war bei ihm so vollkommen, daß er auf niemand anderen als auf seine Vorgesetzten vertraute, damit der furchtbare Irrtum erkannt und behoben würde; diese Zuversicht war sein Halt. Er hatte immer alle Befehle mit größter Gewissenhaftigkeit ausgeführt; er war während der von Paty de Clam durchgeführten Verhöre stoisch verschwiegen geblieben, selbst seiner Frau und seinem Bruder Mathieu gegenüber. Er hatte wahrhaftig gar keine innere Beziehung zu seiner Affäre, keinerlei Begabung für die Rolle, die ihm die Laune der Geschichte zuwies. Ob er, wäre er nicht Dreyfus gewesen, sich überhaupt als »Dreyfusard« gefühlt hätte?

Jene Geschichte, die er nicht erzählt hat – die will ich meinerseits auch nicht wieder nachzeichnen, obwohl sie nach und nach von Ignoranz und Vergeßlichkeit verwischt worden ist. Die jungen Leute heute, selbst die Erwachsenen, sind wie Alfred Dreyfus selbst bei der Rückkehr von der Teufelsinsel – sie kennen die Affäre nicht, und vor allem begreifen sie sie nicht. Ich weiß nur allzugut, daß ich für mein Teil vergebens versucht habe, das Interesse meines Sohnes zu wecken. Ich wollte ihn nachfühlen lassen, was diese Affäre für mich und die anderen Leute meines Alters war; was ich ihm erzählte, waren ihm nur Worte. Die Generationen, die der unseren gefolgt sind, machen sich keinen Begriff mehr davon, daß während zweier endloser Jahre – zwischen dem Beginn der Kampagne für die Wiederaufnahme des Verfahrens und der Begnadigung – das Leben innezuhalten schien, daß sich alles auf eine einzige Frage konzentrierte, daß in den innersten Gefühlen und den Beziehungen der Menschen zueinander alles unterbrochen war, umgestürzt, neu angeordnet. Man war Dreyfusard oder nicht. Seit ich die École Normale verlassen hatte, war ich mit Paul Dupuy und Victor Bérard zerstritten; eines Morgens, als wir erfuhren, daß wir unter demselben Feldzeichen kämpften, fielen wir uns in die Arme. Ich besuchte monatelang einen so guten Freund wie Philippe Berthelot nicht mehr, weil er in sarkastischem Ton von der Rede Scheurer-Kestners im Senat gesprochen hatte. Auf sämtliche politischen Parteien hatte die Affäre eine zersetzende, trennende Wirkung; sie zerlegten sich und gruppierten sich neu, mit ausgetauschten Elementen. Geheime Fäden des Zusammenwirkens und der Sympathie spannen sich über die Grenzen hinweg. Ein Antarktisforscher begrüßte nach einem Winter auf seinem Eisfeld die Hilfsexpedition mit den Worten: »Ist Dreyfus frei?«

Die Affäre war für die Menschen eine Krise, die sich nicht so weit ausdehnte und nicht so lange dauerte wie die Französische Revolution oder der Erste Weltkrieg, die aber mit ebensolcher Gewalt wirkte. Was ist das sicherste Zeichen dieser Krisen kollektiver Leidenschaft? Meiner Ansicht nach das, was ich die Herabsetzung des Lebenswertes nennen möchte. Gemäß den jeweiligen Zeiträumen, Zuständen, Augenblicken schätzen die Menschen das Leben höher oder geringer ein, ihr eigenes wie das der anderen. Sei es ein Symptom oder eine Folgeerscheinung – man erkennt die großen revolutionären Erschütterungen an dem Umstand, daß der Kurs des Menschenlebens so tief sinkt wie nie. Man stirbt noch leichter als man tötet. Wenn die Ära des Terrors in der Französischen Revolution bei ihren Augenzeugen und sogar ihren Opfern nicht jenen fürchterlichen Eindruck hinterlassen hat, den man vermuten würde, liegt der tiefste Grund hierin: Der Preis des Lebens war damals Null, und man versteht die Vorgänge und die Personen nicht, wenn man das Urteil von der ruhigen Normalität einer anderen Epoche her spricht, aus einer Zeit heraus, da das Menschenleben sehr viel gilt. Wenn ich mir die hitzige Phase der »Affäre« ins Gedächtnis zurückrufe, ist diese Erinnerung die stärkste von allen, die sich einstellen: Für meine Freunde und für mich zählte das Leben nichts; wir hätten uns ohne das geringste Zögern und vor allem ohne die geringste Notwendigkeit einer Selbstüberwindung für das geopfert, was uns als die Wahrheit und die Gerechtigkeit galt. Und zweifellos hätten wir ebenso, wenn auch mit größerem Unbehagen, jene Menschen geopfert, die den Weg zu Gerechtigkeit und Wahrheit versperrten.

Solche Eindrücke sind es, jene leidenschaftliche Veränderung des ganzen Lebens, die ich nach all den Jahren heute nacherlebbar oder begreiflich machen möchte. Das einzige Mittel hierzu ist es, mich meiner Erinnerung zu überlassen – fast passiv aufzuzeichnen, was ich mir selbst in der Rückschau anvertraue. Ich gehe nicht zu den Quellen zurück, ich suche keine Anhaltspunkte oder Nachweise in den Texten. Ich riskiere lieber hie und da einen Irrtum im Faktischen, der sich von selbst korrigieren wird, als alles einer dürren Trockenheit zu überantworten. Ach! Indem ich diese Beschwörung der Vergangenheit vornehme, umgebe ich mich mit einer Versammlung von Schatten. Jaurès und Clemenceau sind tot, Bernard Lazare und Lucien Herr sind tot, und Pressensé, und Picquart, und Scheurer-Kestner und Zola und France und Mirbeau und Anna de Noailles und all die anderen. Wer lebt denn noch aus der kleinen Gruppe derer, die alles in Gang brachten und den Kampf an entscheidender Stelle führten? Lucien Lévy-Bruhl, der Mathieu Dreyfus und Jaurès zusammenbrachte; Marcel Prévost, dessen diskreter Part entscheidend war, denn durch seine Vermittlung kam Zola mit Leblois zusammen, dem Freund und Vertrauten von Major Picquart. Vielleicht unterläuft mir hier eine törichte Auslassung. Wenn es so ist, möge der vergessene Kamerad mir verzeihen!

*

Ich hatte die großen Ferien des Jahres 1897 auf dem Land verbracht, ganz nahe bei Paris. Während des Septembers besuchte mich fast jeden Nachmittag Lucien Herr, rittlings auf seinem Fahrrad. Eines Tages stellte er mir die völlig unvermittelte Frage: »Wissen Sie, daß Dreyfus unschuldig ist?«

Dreyfus? Welcher Dreyfus? Es war schon drei Jahre her, daß Hauptmann Dreyfus verhaftet, verurteilt, degradiert und deportiert worden war. Das Drama hatte die öffentliche Meinung einige Wochen lang stark erschüttert, doch bald war es wieder vergessen, untergegangen, abgeschafft. In der Zwischenzeit hatte nun niemand mehr an Dreyfus gedacht, und um sich die Ereignisse ins Gedächtnis zurückzurufen, die sich mit seinem Namen verbanden, brauchte es bereits eine große Anstrengung. Es fiel einem schließlich ein, daß ein Artilleriehauptmann des Hochverrats angeklagt worden war und daß der Hauptbeweis der Anklage die Liste der Aktenstücke war, die er an Deutschland geliefert hatte. Es gab keinerlei Grund, anzunehmen, daß es bei diesem Verfahren irgendeine Unregelmäßigkeit gegeben hatte – insbesondere nicht, daß die Richter ihr Urteil ohne erdrückende Beweise gefällt hätten. Alle sieben Richter hatten sich einstimmig geäußert. Im übrigen hatte Dreyfus am Abend seiner militärischen Degradierung, bei der Rückkehr in seine Zelle im Gefängnis Cherche-Midi, sein Verbrechen eingestanden.[1] Das war es, was sich im Dezember '94 zugetragen hatte, das gab mir mein Gedächtnis auf Befragen an, und seitdem waren meine Gedanken und mein Gewissen durch nichts beunruhigt worden.

Ja, doch wenn ich aufmerksamer in meinen Erinnerungen blättere – ich hatte seit dem Dezember 1894 einmal von Dreyfus sprechen hören. So komme ich nun auf einen Mann, dessen Andenken mir sehr teuer

1 Der erste Irrtum. Es war nicht am Abend, als er in seine Zelle im Cherche-Midi zurückkehrte, sondern am Morgen, als er sie verließ, daß Dreyfus – der offiziellen Version zufolge – sein Verbrechen einem Offizier der Garde Républicaine gestanden hatte, dem Hauptmann Lebrun-Renaud.

ist: Michel Bréal. Er war es, der damals Argumente vorbrachte, die sich etwa so zusammenfassen lassen: »Es geht nicht darum, ob ich an Dreyfus' Unschuld glaube oder nicht. Aber an seine Schuld glaube ich nicht – weil das Leben mich gelehrt hat, das nicht zu glauben, was ich nicht verstehe. Und das Verbrechen von Dreyfus verstehe ich nicht. Und ich verstehe ebensowenig, weshalb man mir bis auf den heutigen Tag kein begreifliches Motiv genannt hat. Die Möglichkeit einer menschlichen Handlungsweise, für die sich kein begreiflicher Grund finden läßt, schließe ich grundsätzlich aus ...« Richtig, der alte Bréal hatte das gesagt, in meiner Gegenwart. Und wen hatte ich noch den Namen Dreyfus sagen hören? Ja! Bernard Lazare war es, eines Morgens in der Redaktion der *Revue Blanche*, im Büro von Lucien Muhlfeld. Bernard Lazare hatte jemanden mitgebracht – niemand anderen als Forzinetti, den ehemaligen Kommandanten des Cherche-Midi, des Militärgefängnisses, wo Dreyfus eingesperrt worden war.

Ich weiß nicht, ob der Name Bernard Lazare den jungen Leuten und den Menschen von heute etwas sagt. Aber er hatte einen bedeutenden Platz in den Reihen der literarischen Generation, die der meinen unmittelbar vorausging. Er war ihr Kritiker – so wie Henri de Régnier und Vielé-Griffin ihre Dichter waren und Paul Adam ihr Essayist und Romancier. Mit dieser Gruppe von Freunden hatte er eine kleine Zeitschrift gegründet, die er leitete und die sich *Entretiens politiques et littéraires* nannte. Er fing an, in den großen Zeitungen und bei der breiten Öffentlichkeit Einfluß zu gewinnen. So kannten wir ihn, aber wir kannten nicht den ganzen Bernard Lazare. Es steckte in ihm ein Jude der großen, der prophetischen Rasse, jener Rasse, die dort sagt: »ein Gerechter«, wo andere gesagt haben: »ein Heiliger«.

Wie hatte sich in seinem Geist zuerst die Vorstellung von einem Irrtum, zuerst die Ahnung von der Unschuld geformt? Ich wußte es nie genau; vielleicht durch den Kontakt mit Mathieu Dreyfus, dem unerschütterlichen Bruder. Doch es ist gewiß, daß er zu jener Zeit bereits von der Unschuld überzeugt war und sich ganz der Aufhebung des Justizirrtums verschrieben hatte. Bernard Lazare war der erste der »Dreyfusards«, derjenige, aus dem fast alle anderen hervorgegangen sind. Er war mit Kommandant Forzinetti in Verbindung getreten, der 1894 in den Ruhestand versetzt worden war, und er hatte durch ihn die Gewißheit gewonnen, daß Dreyfus, entgegen der Behauptung vom angeblichen Geständnis bei der Rückkehr ins Gefängnis, unablässig seine Unschuld beschworen hatte. Er hatte jene Liste, welche den offiziellen Gutachtern zufolge von Dreyfus geschrieben worden war und welche der Generalstab im Faksimile zu veröffentlichen für besonders schlau hielt, anderen Experten vorgelegt, die zu entgegengesetzten Ergebnissen kamen. Mit bewunderungswürdiger Selbstverleugnung suchte er überall Unterstützung, ohne sich um Zurückweisungen oder selbst Verdächtigungen zu bekümmern; er trug das Zeugnis von Forzinetti und den Bericht der Gegenexperten von Haus zu Haus. Er hatte eine kleine Broschüre zusammengestellt und unter seinem Namen veröffentlicht, die auf den Boulevards ausgerufen wurde. Ich erinnere deshalb beiläufig an diese Broschüre, weil an ihr eine der beiden Fährten ansetzte, die zum wahren Schuldigen führten. Der Bankier Castro oder de Castro, der an einem Regentag am Boulevard des Italiens unter dem Schutzdach auf seinen Omnibus wartete, kaufte sie aus Langeweile bei einem Zeitungsjungen und erkannte in der dort faksimilierten Liste die ihm vertraute Handschrift Esterhazys.

Jener morgendliche Besuch Bernard Lazares hätte mich in Unruhe versetzen müssen; seine Überzeugung mußte mich eigentlich betroffen machen. Und doch hatte ich ihm ungläubig zugehört, mit vorgefaßter Meinung, wie so viele andere, ohne wirkliche Aufmerksamkeit. Vielleicht hatten wir, Muhlfeld und ich, ihn sogar gemeinsam ausgelacht, als er das kleine Büro in der Rue Laffitte verlassen hatte. Ich war kaum stolz auf diese Erinnerung, die gar nicht lange zurücklag, aber ich kam noch auf eine andere, die ich hier deshalb erzähle, weil die Anekdote, professionell behandelt, sehr komisch wäre.

Ich wohnte in Paris im Erdgeschoß eines in der Rue du Luxembourg gelegenen Hauses, in welchem auch ein hoher Beamter des Bergbauamtes (er hieß, glaube ich, Lender) ein Stockwerk gemietet hatte. Monsieur Lender lud oft zum Abendessen ein, und Arthur Fontaine, der Gründer der *Législation Internationale du Travail*, der früher ebenfalls im Bergbauamt gewesen war, gehörte zu den regelmäßigen Gästen der Familie. Manchmal klingelte er bei mir, wenn er von Monsieur Lender herunterkam. Und so erzählte er mir einmal, immer noch lachend, einen Auftritt, der sich soeben zugetragen hatte. Bei Tisch hatte ein Offizier, um die Unterhaltung zu beleben, zu seinen Nachbarn gesagt: »Sie wissen ja, ich leite eines der Büros beim Generalstab. Und stellen Sie sich vor – wir sind einer sehr ernsten Sache auf der Spur. Es hat sich ein jüdisches Syndikat gebildet, ein internationales Syndikat, das unbegrenzte Mittel zur Verfügung hat, um den Verräter Dreyfus zu befreien. Aber wir wissen Bescheid. Wir kennen sogar den Namen des angeblichen Schuldigen, den man an seine Stelle setzen möchte.« Die Affäre war so tief in Vergessenheit geraten, daß einer der Tischgäste, Kollege und Freund von Arthur Fontaine, den Offizier unterbrach: »Dreyfus ...? Irgend etwas sagt mir der Name, aber ich kann mich nicht mehr an die Geschichte erinnern.« »Na, hören Sie, wollen Sie im Ernst sagen, Sie erinnern sich nicht daran? ...«, und der Offizier begann mit einer präzisen, eleganten Schilderung der Affäre. Der Freund Fontaines hörte vollkommen konzentriert zu. Als der Bericht zu Ende war, erklärte er im sanftesten und besonnensten Ton: »Aber, Herr Major, wenn sich die Dinge so abgespielt haben, wie Sie es uns eben erzählt haben, dann ist Dreyfus unschuldig ...« Der Offizier rief zornig: »Was! Sie stimmen diesen Verbrechern zu? Aber Dreyfus ...« Der Freund Fontaines wiederholte mit immer sanfterer Hartnäckigkeit: »Verzeihen Sie! Ich hatte alles das vergessen, bis hin zum Namen von Dreyfus. Ich weiß von seiner Geschichte nichts als das, was Sie mir eben selbst erzählt haben. Ich urteile allein auf Grund dessen, was Sie mir dargelegt haben. Und wenn das stimmt – dann kann es für keinen vernünftigen Menschen irgendeinen Zweifel geben: Dreyfus ist unschuldig ...« Die Unterhaltung lief aus dem Gleis, der Hausherr hatte die größte Mühe, sie zu unterbrechen. Der Offizier war ein gewisser Major Roget. Seinen Gesprächspartner, der noch sehr lebendig ist, nenne ich nicht, er wird sich wiedererkennen, wenn er mich liest.

*

Michel Bréal war Jude, Bernard Lazare war Jude, der Major Roget deckte bereits präventiv ein jüdisches Komplott auf. Man darf aber keineswegs annehmen, daß in den jüdischen Kreisen, wo ich verkehrte – Bürger des Mittelstandes, junge Literaten, Beamte –, die geringste Neigung zum Dreyfusismus bestand. Zu dem Zeitpunkt, von dem ich hier spreche, war nichts dergleichen zu spüren. Allgemein gesprochen hatten die Juden die Verurteilung Dreyfus' als endgültig hingenommen, und als gerecht. Sie sprachen untereinander nicht von der Angelegenheit; sie flohen das Thema, anstatt es anzusprechen. Ein großes Unglück war über Israel gekommen. Man ertrug es ohne ein Wort und wartete darauf, daß die Zeit und das Schweigen die Folgen austilgten.

Es war sogar so, daß die Masse der Juden den Anfängen der Kampagne für eine Wiederaufnahme des Verfahrens mit großer Vorsicht und viel Mißtrauen begegnete. Ein Gefühl herrschte vor, das sich gewissermaßen in dem Satz zusammenfassen ließ: »Das ist etwas, wo die Juden sich nicht einmischen dürfen ...« In dieser komplizierten Empfindung kamen verschiedene Beweggründe zusammen. Es lagen darin gewiß Patriotismus (und vielleicht sogar ein sehr empfindlicher Patriotismus), die Achtung vor der Armee, das Vertrauen in ihre Führung, ein Widerstreben, diese Männer als parteiisch oder fehlbar anzusehen. Aber es gab auch eine Art egoistischer, ängstlicher Klugheit, für die man noch strengere Worte finden könnte. Die Juden wollten nicht, daß man glauben könnte, sie verteidigten Dreyfus deshalb, weil er Jude war. Sie wollten nicht, daß man ihre Haltung auf einen Unterschied der Rasse, auf die Solidarität der gemeinsamen Abstammung zurückführte. Vor allem wollten sie nicht durch die Verteidigung eines anderen Juden der antisemitischen Leidenschaft Nahrung geben, die damals sehr deutlich anschwoll. Die Verhaftung, die Verurteilung hatten den Juden bereits geschadet; die Kampagne für ein neues Verfahren durfte ihnen nicht noch weiteren Schaden zufügen. Die Juden in Dreyfus' Alter, jene, die derselben Gesellschaftsschicht angehörten, die sich wie er in schwierigen Prüfungsverfahren durchgesetzt hatten und in den Offizierskader des Generalstabs oder in die höchsten Spitzen der Zivilverwaltung vorgedrungen waren, erregten sich über die Idee, ein feindseliges Vorurteil könne ihre untadeligen Karrieren irgendwie behindert haben. Nachdem sie den Verräter exkommuniziert hatten, wiesen sie den peinlichen Eifer seiner Anhänger weit von sich. Alles in allem muß man, um sich ein genaues Bild von dem Geist zu verschaffen, den ich zu beschreiben suche, nur heutzutage in die Runde schauen. Die reichen Juden, die Juden der mittleren Bourgeoisie, die jüdischen Beamten hatten damals genauso Angst vor dem engagierten Kampf für Dreyfus, wie sie heute Angst haben vor dem engagierten Kampf gegen den Faschismus. Sie dachten nur daran, sich wegzuducken und sich zu verbergen. Sie glaubten, die antisemitische Leidenschaft ließe sich durch skrupulöse Neutralität abwenden. Sie verwünschten insgeheim diejenigen unter ihnen, die hervortraten und sie dadurch wieder ihren ewigen Feinden auslieferten. Sie begriffen damals ebensowenig wie heute, daß keinerlei Vorsichtsmaßnahme, keine gute Miene zum bösen Spiel, den Gegner täuschen konnte und daß sie immer die auserwählten Opfer des Antidreyfusismus wie des Faschismus im Fall ihres Triumphes blieben.

Und deshalb hatte ich damals, als Lucien Herr mich an jenem Nachmittag auf dem Lande besuchte, als ein im Gleichmaß von Familie und gewohnter Bekanntschaft dahinlebender Durchschnittsjude, sicher keine stärkere Berufung, die Gnade des Engagements für Dreyfus zu empfangen, als irgendjemand sonst. Andererseits empfing ich die Botschaft von einem Apostel, der große Gewalt über mich hatte. Ich kannte Herr nun schon seit sieben Jahren – von dem Ort, wo er sich sein ganzes Leben lang freiwillig selbst eingeschlossen hatte, das heißt aus der Bibliothek der École Normale. Im Verlauf dieser ganzen letzten Jahre hatte sich im fast täglichen Umgang zwischen uns eine große Vertrautheit herausgebildet. Aber zu dem Einfluß, den er auf mich ausübte, gehörte etwas, das sich durch die Freundschaft nicht hinlänglich erklären ließ und das ich gerne denen klarmachen wollte, die ihn nicht gekannt haben. Indem ich helfe, seine Persönlichkeit zu begreifen, leiste ich im übrigen einen Beitrag zur Zeitgeschichte, der kostbarer ist, als man glaubt. Herr war es, der Jaurès zum Sozialismus gebracht hatte, oder – um es genauer zu sagen – Herr hatte Jaurès dazu gebracht, sich Rechenschaft darüber abzulegen, daß er eigentlich Sozialist war. Und er hatte nun vor kurzem mit Lucien Lévy-Bruhl zusammen Jaurès von der Unschuld Dreyfus' überzeugt. Er sollte dann die Bewegung der Intellektuellen ins Leben rufen und lenken, die den Frieden des Labors oder der Studierstube verließen, um sich in die Schlacht um Dreyfus zu werfen. Er sollte mit Charles Péguy zusammen jene Buchhandlung Bellais gründen, in der alle jungen Sozialisten und Dreyfusards den Mittelpunkt für ihre Versammlungen und Aktionen fanden. Und er sollte noch dreißig Jahre lang bis zu seinem letzten Lebenstag der Beichtvater der akademischen Elite bleiben, ihr Bekehrer, ihr Führer – und für eine bedeutende Zahl von Männern der Öffentlichkeit der Vertraute, der Lenker des Gewissens und der Gedanken.

Die Kraft Herrs, seine unglaubliche und wahrhaft einzigartige Kraft (denn ich habe so etwas nie in demselben Maße bei einem anderen Menschen gefunden) hing wesentlich davon ab, daß in ihm die Überzeugung selbst Beweiskraft erlangte. Er formulierte die Wahrheit mit einer so vollständigen, so ruhigen Macht, daß sie sich ohne Anstrengung und wie mühelos seinem Gesprächspartner mitteilte. Die bloße Möglichkeit einer Diskussion schien ausgeschaltet. Sein ganzes Wesen strahlte die Gewißheit aus: »Ja, dies denke ich, das glaube ich; es ist vollkommen unmöglich, daß ein Mensch auf einem gewissen Niveau es nicht ebenfalls denkt, es nicht auch glaubt.« Und man wurde gewahr, daß man tatsächlich dachte und glaubte wie er; man hatte sogar den Eindruck (oder die Illusion), daß man insgeheim ebenjenen Gedanken oder jenen Glauben schon lange mit sich herumgetragen hatte. Man wußte nicht mehr, ob er einen überredet oder einem das eigene Innere enthüllt hatte. Ohne jedes Pathos könnte man ganz einfach sagen: Kein Mensch »beherrschte« einen anderen Menschen auf solch natürliche Weise. Der körperliche Eindruck trat zu dieser überlegenen Vernunft hinzu, denn er war gebaut wie ein gütiger Riese, hatte einen ungeheuren Schädel, sprach ohne Härte, fast zärtlich, aber mit Worten, die alles entblößten, alles erschütterten, und er hatte einen Blick, in dem sich Autorität und Fürsorglichkeit trafen. Das war der Mann, der mir ohne Umschweife sagte, als wir zusammen eine Gartenallee entlangschritten: »Dreyfus ist unschuldig«, und der, als er mich von seiner Stimme ergriffen und fast schon besiegt sah, mir nun eins nach dem anderen die Fakten, die Argumente, die Beweisstücke aufzählte.

*

Das Marschgepäck des Dreyfusards, wenn ich so sagen darf, bestand damals aus zwei Konvoluten von verschiedener Herkunft, die sich aber nun ineinandergeschoben hatten. Die Arbeit von Bernard Lazare und die Entdeckungen von Major Picquart kamen zusammen. Lazare hatte die Legende vom Geständnis zerstört, und auf ihn ging die Entdeckung zurück, daß die Handschrift der Liste mit der von Esterhazy identisch war. Picquart verdankte man die eindeutigen Informationen über den Inhalt der Anklageschrift und des geheimen Dossiers – und insbesondere die Enthüllung jenes Dokuments, das den entscheidenden Beweis gegen Esterhazy bildete, des Rohrpostbriefs des deutschen Militärattachés Schwarzkoppen. Als Chef des Zweiten Büros im Generalstab hatte Picquart diesen Brief in den Händen gehabt; er hatte seinen Vorgesetzten ihren entsetzlichen Mißgriff vorgeworfen; man hatte ihm mit Entehrung und Verbannung geantwortet. Doch vor dem Aufbruch in jene gottverlassene Garnison in Tunesien, von der lebend zurückzukehren er kaum mehr hoffte, hatte er einem Freund aus Kindertagen, dem Rechtsanwalt Leblois, seine vertraulichen (nahezu posthumen) Aufzeichnungen überlassen. Leblois hatte sich seinerseits Senator Scheurer-Kestner anvertraut; der hatte Mathieu Dreyfus informiert. Dann hatte Lucien Herr das, was er direkt von Bernard Lazare bekam, und das, was er über Lévy-Bruhl aus der Quelle Picquart/Mathieu Dreyfus erhielt, zusammengebracht. Die Beweise hatten sich aneinandergefügt und bildeten in seinem Geist ein vollständiges System. Die Gewißheit war in seinen Augen so evident, daß er nicht begriff, wie jemand sie nicht teilen konnte – und ich teilte sie ja tatsächlich. Jaurès hatte ebensowenig Zweifel wie er. Er hatte bereits jene Männer, die seinen engeren Freundeskreis bildeten, überzeugt oder sich vorgenommen, sie nach seiner Rückkehr nach Paris zu überzeugen – Charles Seignobos, Charles Andler, Paul Dupuy, Victor Bérard, Arthur Fontaine, Dr. J.-P. Langlois …

Und bald würde man beginnen, man würde mit der Kampagne an die Öffentlichkeit gehen, in die Presse, ins Parlament nötigenfalls. Es gab niemanden im Senat, der größere Achtung genoß als Scheurer-Kestner. Jaurès, der nach vier Jahren nun als sozialistischer Abgeordneter von Carmaux in die Kammer zurückkehrte, herrschte dort durch seine souveräne Beredsamkeit. Das Dossier, das man beisammenhatte, genügte für jede Beweisführung. Im übrigen hatte man weder die Zeit noch das Recht, zuzuwarten. Denn schließlich ging es nicht nur um den Fall Dreyfus oder die Affäre Dreyfus. Der Justizirrtum hatte einen Körper. Dort drüben, Tausende von Kilometern entfernt, erlag ein gefolterter Unschuldiger langsam einer fast unerhörten Ansammlung von Qualen. Man mußte gleichzeitig diesen Unglücklichen befreien und die Wahrheit rächen. Die Wahrheit hätte notfalls warten können, der Mensch nicht. So hatte man den Entschluß gefaßt. Nach Ende der Ferien würde man den guten Namen des Unschuldigen vor der ganzen Nation wiederherstellen, und man würde ihr den des Schuldigen liefern.

2

Vergegenwärtigt man sich über die historische Distanz hinweg die zwei Jahre, die zwischen den ersten Artikeln im *Figaro* und der Begnadigung Dreyfus' vergingen, diese zwei Jahre des Aufruhrs, der Leidenschaft, wahrhaftig: des Bürgerkriegs, dann gibt es eines, was sich schwer vorstellen läßt: Das ist der innere Zustand der kleinen Gruppe von Leuten, die nach Eröffnung der Kampagne untereinander berieten, die Veröffentlichungen studierten, die Beweise zusammenfügten. Diese Dreyfusards der ersten Stunde waren durch die »Affäre Dreyfus« vollkommen bestürzt. Sie hatten alles vorausgesehen außer dem, was nun eintreten sollte. Sie hatten mit allem gerechnet, außer mit Widerstand und Kampf.

Sie verdienen gewisse Entschuldigungen, und ich möchte gerne hier für sie aussagen. Möge der Leser sich anstrengen und versuchen, »sich an ihre Stelle zu versetzen«. Wir befinden uns im Herbst 1897. Man hat die Ergebnisse von Bernard Lazares Nachforschungen und die von Major Picquart vor seiner Abreise in den Süden Tunesiens gegebenen Aufschlüsse gesammelt. Das Dossier des Unschuldsnachweises macht es bereits möglich, alle Argumente der Anklage zu vernichten. Dreyfus war als Autor eines Schriftstücks verurteilt worden, das man als »die Liste« kannte. Nun erlauben es der Vergleich von Gutachten und Gegengutachten der Sachverständigen, diese Zuschreibung zu verwerfen, die bereits die Richter des Jahres 1894 für ungewiß hielten. In den Polizeiberichten, die dem Militärgericht vorgelegt worden waren, hatte man versucht, den Verrat irgendwie plausibel zu machen – dort waren diverse Erklärungen vorgebracht worden, wie man sie gewöhnlich in derartigen Fällen findet: Glücksspiel, Frauengeschichten, Geldnot. Nun sind alle diese in den Polizeiberichten behaupteten oder angedeuteten Umstände durch weitere Nachforschungen zu nichts zerronnen. Offizielle Verlautbarungen hatten versichert, Dreyfus habe bei der Rückkehr von der Degradierungszeremonie sein Verbrechen eingestanden. Nun belegen unabweisbare Zeugnisse, daß er nicht aufgehört hatte, seine Unschuld zu beteuern – zweifellos auf unauffällige Weise, denn die erhobene Stimme und die ausholende Geste waren seinem

Wesen fremd, aber mit düsterer, hartnäckiger Verzweiflung. Also ist es unmöglich, zu beweisen, daß Dreyfus der Autor der Liste ist. Es ist unmöglich, für sein angebliches Verbrechen nachvollziehbare Gründe zu finden. Es ist unmöglich, die fehlenden Indizien durch den schlagenden Beweis eines Geständnisses zu ersetzen.

Das alles wußten wir, und da für die Justiz eines zivilisierten Landes die Last der Beweisführung immer bei der Anklage liegt, hatten wir das Gefühl, daß von dem Urteilsspruch gegen Dreyfus nichts mehr übriggeblieben war, daß er sich unter unseren Augen aufgelöst, zersetzt, verflüchtigt hatte. Sind die Schuldbeweise verschwunden, bleibt nichts als ein Unschuldiger übrig. Aber es kam noch besser. Wenn auch der vollständige befriedigende Nachweis hierfür erst später erbracht werden konnte, so gab es bereits sehr wichtige Hinweise darauf, daß das Urteil juristisch gesehen nichtig war, daß es den Makel schwerstwiegender Ungesetzlichkeiten trug. Es handelte sich dabei nicht um eine jener rein formalen Irrtümlichkeiten oder Unterlassungen, auf die sich ein Advokat vor dem Schwurgericht wirft. Nein: Die Rechte der Verteidigung waren in unerhörter Weise verletzt worden. Um zögernden Richtern einen Schuldspruch abzuringen, Richtern, die eben wegen des Fehlens jeder Beweise zögerten, hatte man sich in ihre Beratungen eingemischt und ihnen ein »Geheimdossier« gezeigt, »geheime Aktenstücke«, so geheim, daß sie nicht einmal in einem Verfahren unter Ausschluß der Öffentlichkeit vorgelegt werden konnten. Diese Aktenstücke hatten das Militärgericht überzeugt, doch weder Dreyfus noch sein Verteidiger Demange hatten sie zu Gesicht bekommen oder etwas zu ihnen sagen können. Wir waren noch nicht in der Lage, diese Ungesetzlichkeit klar zu beweisen, welche dann das zentrale Thema von Clemenceaus Angriffen in der *Aurore* sein sollte und Männer wie Trarieux auf den Kampfplatz riefen. Aber wir kannten den Punkt, von dem die Fährten ausgingen; wir wußten, welche Zeugen man heranziehen konnte; wir waren überzeugt, daß die Richter des Jahres 1894 die ersten sein würden, die Tatsächlichkeit eines Umstandes zu bestätigen, dessen Gewicht sie damals nicht ermessen konnten. So kannten wir die Nichtigkeit der Anklage; wir wußten um die Ungesetzlichkeit des Verfahrens – aber es kam immer noch besser: Wir kannten *den wahren Schuldigen*, wir konnten ihn benennen.

Welch unverhoffte Chance! Wann hat man je bei dem Versuch, einen Justizirrtum aufzudecken, derartiges Glück gehabt? Nichts ist seltener, nichts mühseliger, als den *positiven* Beweis der Unschuld vorzulegen, und deshalb genügt es auch vor den Schranken jedes zivilisierten Gerichtes, den *negativen* Beweis zu führen. Ich bin unschuldig, wenn ich vor dem Richter die Behauptungen entkräftet habe, auf die sich die Anklage stützt. Über die Tatsachen selbst oder ihre Relevanz kann es eine erneute Auseinandersetzung geben. Doch diese wird glatt abgeschnitten, wenn ich den unüberbietbaren positiven Beweis antrete: wenn ich den wahren Schuldigen bezeichne und er nichts vorzubringen weiß. Wenn es von dieser oder jener Person erwiesen ist, daß sie an dem schuld ist, was mir unterstellt wurde, dann kann ich selbst nicht länger schuldig sein; Dreyfus konnte die Liste nicht geschrieben haben, wenn ihr Verfasser Esterhazy hieß. Dank Monsieur de Castro, vor allem dank Major Picquart, befand sich dieser positive Beweis in unseren Händen. Wir waren in der Lage, ihn jederzeit vorzulegen, und mit welcher Evidenz, welcher Durchschlagskraft! Wenn man das Faksimilie der Liste und die Photographie eines Briefes von Esterhazy nebeneinanderlegte, waren alle graphologischen Gutachten pro und contra hinfällig geworden. Die Übereinstimmung sprang sofort ins Auge, denn Esterhazy hatte sich bei der Niederschrift der Liste nicht die geringste Mühe gegeben, seine normale Handschrift zu verstellen … Die Biographie des »Ulanen« war damals noch nicht in allen ihren Teilen bekannt; insbesondere erfuhr man von dem berüchtigten Briefwechsel mit seiner Cousine de Boulancy erst lange Monate nach dem Zeitpunkt, um den es mir hier geht. Doch bereits die ersten Informationen hatten das erkennen lassen, was im Fall der Anklage gegen Dreyfus so vollkommen gefehlt hatte – »begreifliche Gründe« für einen Verrat. Esterhazy stand bereits jetzt als kosmopolitischer Abenteurer da, als ein Söldner ohne Skrupel, verstrickt in Schulden und Laster. Und endlich ließ sich mit jenem Rohrpostbrief seine Schuld definitiv und unbestreitbar fixieren: Dieser Brief zeigte, daß sich der Militärattaché Schwarzkoppen drei Jahre vor Dreyfus' Deportation auf die Teufelsinsel an Esterhazy wandte, weil dieser einer seiner festen Nachrichtenlieferanten war. Esterhazy war nicht nur der zufällige Verfasser der Liste, er war ein Spion, ein berufsmäßiger Verräter.

Angesichts einer solchen Ansammlung von Dokumenten und Fakten blieb kein Rest des Zweifels in uns. Unsere Gewißheit war rein, vollkommen, ernsthaft, und wir waren überzeugt, daß sich die ganze Welt ihr spontan anschließen würde, wenn sie einmal all das erfahren hatte, was wir selber wußten. Diese Illusion mag heute im nachhinein höchst sonderbar wirken, bedenkt man, was dann geschah – aber ich glaube, man wird sie ganz natürlich finden, wenn man versucht, sich in unsere Lage zu versetzen. Man hat die Dreyfusanhänger bezichtigt, sie hätten ein perfides Komplott gesponnen, um Frankreich zu spalten und entzweizureißen. Ganz im Gegenteil – sie ahnten nicht (und ich glaube, sie konnten es nicht ahnen), daß es zu einer Affäre Dreyfus kommen würde. Ihnen lag alles klar, hell, überzeugend zutage, und es war für sie keine Frage, daß sich die allgemeine Vernunft von diesem Beweismaterial überzeugen ließe. Im Augenblick, in diesen letzten Ferientagen, war die öffentliche Meinung ruhig, gleichgültig, sie wußte von nichts, sie ahnte nichts. Aber war die Wahrheit einmal heraus – welchen Aufschrei generöser Empörung würde man dann in ganz Frankreich hören! Die Nation hatte mit einstimmigem Abscheu auf das Verbrechen reagiert; sie würde ihre Einstimmigkeit wiederfinden, um den Irrtum zu verkünden und wiedergutzumachen! Vor drei Jahren hatte man sich überlegt, welche Strafen ausreichend sein mochten, um den Verräter zu züchtigen – nun würde man überlegen, welche Ehrungen, welche Entschädigungen hinreichend wären, das Opfer zu rehabilitieren! Jene, die unglücklicherweise ganz direkt in den fatalen Kasus verstrickt waren, die Richter von Dreyfus, seine Kameraden, seine Vorgesetzten – sie würden die ersten sein, ihren Fehler einzugestehen, ihre Reue zu bekennen! Diese Aussichten bezauberten uns. Das einzige bittere Gefühl, das Raum in uns fand, war die Ungeduld. Denn in der Tat war der Unschuldige, ehe er nach Frankreich zurückkehren würde, von Bravo-Rufen und Blumen überschüttet, getröstet vom Mitleid eines ganzen Volkes, augenblicklich immer noch dort drüben, in Eisen gelegt auf seinem glühenden Felsen. Er würde freikommen, sobald die Wahrheit öffentlich wurde, aber wann würde das sein? Welchen Moment würde man wählen? Und wir zählten mit fieberhafter Ungeduld die Tage.

*

Ich habe mit einer gewissen Betonung diesen (so sonderbaren wie verständlichen) Irrglauben geschildert, in dem die kleine Gruppe befangen war, der mich die Freundschaft mit Lucien Herr zugeführt hatte. Ich habe dies getan, weil meine Schilderung, glaube ich, der persönlich erzählten Geschichte der Affäre etwas Neues hinzufügt, vor allem aber, weil sie manche ihrer Aspekte besser verständlich macht. Die ersten Dreyfusards fielen aus allen Wolken. Aber je stärker ihr illusorischer Glaube an eine freundliche Aufnahme, an Willkommen und Zustimmung gewesen war, je grausamer ihre Enttäuschung, desto vehementer war danach ihre Rebellion. Ich finde in mir die Erinnerung an Stunden wieder, da ich gleichzeitig Verzweiflung und Zorn empfand. Warum gab es einen derartigen Widerstand gegen die Wahrheit, die Gerechtigkeit? Was hatte diese Verblendung, diese Bosheit der Menschen zu bedeuten? Was waren die Gründe, die Interessen, die Leidenschaften, die hinter der wütenden Opposition steckten, mit der man die schlichte Rehabilitation eines Unschuldigen verhindern wollte? Denn zu unserem ungeheuren Erstaunen hatte sich der Widerstand sofort schlagartig organisiert. Kaum hatten ihn die ersten Enthüllungen erschüttert, spürte man, wie er sich sogleich neu formierte, noch fester geschlossen, noch aggressiver. Nichts sollte ihn entmutigen, nicht der Rasiermessertod des Major Henry, nicht das Verfahren vor dem Kassationshof, nicht einmal dessen endgültiges Urteil. Jeder nachgewiesenen Tatsache, die für die Unschuld sprach, antworteten neue Intrigen und neue Erfindungen; das erste geheime Dossier von 1894 wurde vom zweiten, dem Cavaignacs, bestätigt, die Fälschungen durch neue Fälschungen; die Zivilrichter wurden in dem Maße, in dem sie einer Berufung zuneigten, diskreditiert oder vom Verfahren abgezogen; das ganze System des falschen Patriotismus, die Chimäre von der kaiserlichen Intervention kamen zum Einsatz. Am Ende ging der Widerstand der »Patrioten« bis zum versuchten Staatsstreich: Am Tag des Begräbnisses von Félix Faure versuchte Paul Déroulède im Hof der Kaserne von Reuilly, die Regimenter des General Roget auf den Elyséepalast marschieren zu lassen. Warum konnte man nicht hinnehmen, daß Dreyfus unschuldig war, oder besser: Warum akzeptierte man es nicht, daß seine Unschuld öffentlich anerkannt wurde? Wie viele anständige Leute sind Antidreyfusards gewesen? Wie viele anständige Leute haben es sich bewußt zum Ziel gesetzt, um jeden Preis einen Esterhazy zu retten, in dem sie privat genau wie wir einen Halunken der übelsten Sorte sahen? Was trieb sie an? Was lenkte sie? Selbst heute, im Abstand von fünfunddreißig Jahren, da ich diese Vergangenheit mit gereifter und kühler Vernunft betrachte, scheint es mir, als fehlten mir immer noch Elemente zu einer Lösung dieser Frage.

Ich bin mir natürlich darüber im klaren (und meine nächsten Freunde hatten schon damals dieses Gefühl), daß die Kampagne für die Aufhebung des Urteils unbeholfen, mit einer gewissen Hilflosigkeit, insgesamt sehr ungeschickt begonnen wurde. Wir hatten uns eingebildet, die öffentliche Meinung wäre auf einen Schlag zu überraschen und zu erobern, wie es uns selbst ergangen war, unter dem Eindruck einer plötzlichen, umfassenden, unwiderstehlichen Enthüllung der Wahrheit. So hatten wir uns auch unser Vorgehen gedacht: alle Lichter auf einmal an, alle Schleusen plötzlich geöffnet – eine blendende Helle; ein Wasserfall der Information. Nichts von alledem – die Zeitung, die sich als erste der Sache zur Verfügung gestellt hatte, der *Figaro*, ging tröpfchenweise vor. Man las einen Tag um den anderen kurze Notizen: geschickt geschrieben, fesselnd, langsam vorwärtsgehend – aber voller Kennworte und Anspielungen, die nur den Eingeweihten deutlich waren, was zweifellos die Neugier weckte, aber auch ein dunkles Mißtrauen. »Was soll das denn heißen? Worauf will das hinaus? Was steckt da dahinter?« Derartige Fragen paßten schlecht als Vorbereitung der enthusiastischen Volkserhebung, deren Trugbild am Horizont uns verzaubert hatte. Ich weiß noch genau, wie sehr Barrès in jenen unentschiedenen Wochen, als er noch zögerte, welche Rolle er übernehmen solle, durch diese schleppende, indirekte, ablenkende Vorbereitung irritiert war, die deutlich mehr zu verstehen gab, als sie aussprach, die aber auch den Anschein erweckte, vielleicht mehr anzudeuten, als sie tatsächlich wußte. Bei dieser nachträglichen Manöverkritik muß ich nun auf den unheilvollen Irrtum zu sprechen kommen, den die Hauptstrategen der Kampagne begingen (Mathieu Dreyfus und seine engsten Berater, Scheurer-Kestner und Joseph Reinach), einen Irrtum, den allerdings die Umstände des Augenblicks großenteils entschuldigen.

Zunächst einmal hätte man, um die ganze Wahrheit zu entfesseln, um tatsächlich alle Lichter anzuzünden und alle Schleusen zu öffnen, am Ende Major Picquart »öffentlich machen« müssen. Picquart, ein Straßburger Protestant[2], der Benjamin der Armeespitze, bestimmt für die höchsten militärischen Positionen, verkörperte nicht nur die moralische Bürgschaft für die Unschuld – der konkrete positive Beweis beruhte zum allergrößten Teil auf seinem Zeugnis. Nun war Picquart Soldat und unterlag der Disziplin – und der Schweigepflicht, die jene Disziplin impliziert. Da er »sein Geheimnis nicht mit ins Grab nehmen wollte«, hatte er sich seinem Freund Leblois anvertraut, als er Paris verließ, um seine gefährliche tunesische Garnison zu beziehen. Doch er hatte Leblois nicht autorisiert, seinen Namen, seinen Rang, die von ihm im Dienst entdeckten Geheimnisse in eine öffentliche Kontroverse zu schleudern, in die manche seiner Kameraden und Vorgesetzten verwickelt werden könnten. Leblois und Scheurer-Kestner, denen seine vertrauliche Information direkt oder indirekt zugefallen war, wagten nicht, sich über seine Absichten hinwegzusetzen oder seine möglicherweise anderen Entschlüsse vorwegzunehmen. Mathieu Dreyfus verließ sich in seiner großen Ritterlichkeit auf Leblois und Scheurer-Kest-

2 Major Picquart war nicht protestantisch, sondern katholisch. Er war, wie seine ganze Familie, praktizierender Katholik. Das hatte ich gewußt, aber ich hätte mich auch daran erinnern müssen. Auf diesen Irrtum hat mich ein Ehrenmitglied der Universität aufmerksam gemacht, das einen in der Geschichte der École Républicaine geachteten Namen trägt.

ner – er weigerte sich, die Rettung seines Bruders um den Preis des moralischen Vertrauensbruchs zu erkaufen, den man an Picquart begangen hätte. Es gab zu diesem Punkt lange Gespräche, wie sie im Zentrum unserer großen Tragödien stehen – Gespräche, in denen die antagonistischen Positionen gleichermaßen nobel sind. Doch während dieses Abwartens stockte und stolperte die Attacke auf die öffentliche Meinung, weil die Gewissensdiskussion den Anführern die Hände zittern ließ.

Das ist eine erste Erklärung; ich habe noch eine andere vorzubringen, die sich im übrigen ein wenig mit der ersten verknüpft. Bei jenem Beginn der Affäre hatten weder Joseph Reinach noch Scheurer-Kestner, noch infolgedessen Mathieu Dreyfus die Hoffnung aufgegeben, es ließe sich alles noch friedlich mit der Regierung regeln. Wenn sie mit so gemessenen, bedächtigen Schritten vorgingen, dann gewiß wegen ihrer Bedenken hinsichtlich der Verwicklung Picquarts, aber ebenso auch, um Zeit für Verhandlungen mit dem Ministerium zu gewinnen und deren Erfolg nicht durch den offenen Skandal zu gefährden. Was war das Ziel? Eine Ungerechtigkeit aufzuheben, einen Menschen zu retten. Was war das Mittel? Die Wiederaufnahme des Verfahrens, in dem Dreyfus durch den Urteilsspruch niedergeschmettert worden war. Das französische Gesetz legt die Macht, ein solches Wiederaufnahmeverfahren anzustrengen, allein in die Hände der Regierung. Nichts war demgemäß ohne die Regierung möglich; wenn diese aber sich überzeugen ließ und zustimmte, regelte sich alles von selbst, es gab kein Problem mehr, keine »Affäre«. Nun waren der damalige Regierungschef Jules Méline und sein Kriegsminister General Billot ebenso wie Joseph Reinach und Scheurer-Kestner alte Freunde oder alte Protégés von Gambetta. Die einen wie die anderen hatten zum engsten Kreis seiner Getreuen gehört; die gemeinsame Verehrung für den Meister hatte sie in enger Solidarität miteinander verknüpft. Joseph Reinach und Scheurer-Kestner glaubten, auf Méline und General Billot zählen zu dürfen. Ich ziehe nicht in Zweifel, daß diese ihre Illusion vom Ministerpräsidenten und von seinem Kriegsminister sorgfältig genährt wurde. Weder Jaurès noch Herr – noch, zweifellos, Clemenceau – hingen ihr an. Sie glaubten nicht an Mélines Aufrichtigkeit. Sie beklagten die verschwendete Zeit, die verpaßte Gelegenheit. Sie empfanden sehr deutlich, daß Dreyfus' Chance von den ersten Schlägen abhing, die man führte, daß alles auf eine große Beunruhigung, eine plötzliche Überraschung ankam und daß man diese Chance verspielte. Man würde Méline und Billot nicht auf unsere Seite bringen; sie legten die Dreyfusards ganz offensichtlich herein und suchten allein Zeit zu gewinnen, um die Attacke sich totlaufen zu lassen, um ihre Abwehr zu organisieren. Anstatt mit diesen beiden Filous zu verhandeln, hätte man vorwärtsmarschieren müssen, ohne behutsame Warnungen, ohne sich durch irgend etwas aufhalten zu lassen. Das war die erste spürbare Differenz zwischen jenen, die ich (zur Bezeichnung zweier verschiedener Temperamente wie zweier Geisteshaltungen) die Politiker und die Revolutionäre nennen möchte. Im Verlauf der Affäre sollte sich dieser Konflikt mehr als einmal wiederholen, und der dramatischste Fall kam dann bei der Begnadigung. Vielleicht hätte Mathieu Dreyfus, wäre er nur seiner natürlichen Neigung gefolgt, sich eher auf die Seite von Jaurès gestellt als auf die Reinachs. Aber er vertrat den fernen Bruder, er schützte dessen Interessen, und da Hauptmann Dreyfus nie etwas anderes erwartet hatte als eine ordentliche und hierarchisch legitimierte Korrektur des Urteils, führte Mathieu seinen Willen aus.

Diesen bereits sehr gewichtigen Gründen möchte ich einen weiteren hinzufügen, der meine Leser wohl erstaunen mag. Der Umstand, den ich nun mitteile, ist wohl fast noch unbekannt, und er läßt erkennen, mit welchem naiven Optimismus, mit welcher Unschuldigkeit die Kampagne für Dreyfus begonnen wurde. Die schwerwiegende Bedeutung jener kurzen Notizen im *Figaro*, für den Alltagsleser so voller Geheimnis, konnte zumindest einem Menschen auf der Welt nicht entgehen – Esterhazy, dem wahren Missetäter. Esterhazy wußte sehr wohl, daß er der Schuldige war. Er konnte auf den ersten Blick erkennen, daß man ihn entlarvt hatte, daß die Beweise seines Verbrechens gesammelt waren, daß die Strafe ihm drohte. Wie würde sein spontaner Instinkt der Selbstverteidigung sich äußern? Sehr wahrscheinlich in einer Flucht. Ja, wir lebten einige Wochen lang in der Hoffnung, daß der demaskierte Esterhazy eines schönen Morgens über die Grenze gehen würde. Dreyfus hatte niemals gestanden, aber zu all den gegen Esterhazy zusammengetragenen Beweisen würde dann dieses offensichtliche, unmißverständliche Eingeständnis seiner Schuld treten: die Flucht. Wir sagten uns: Der wird weg sein, ehe wir noch Gelegenheit haben, ihn beim Namen zu nennen. Da trat ein merkwürdiges Ereignis ein. Der *Figaro* hatte Esterhazy zwar nicht genannt, ihn aber durch ein Spielchen der Erwähnung von Einzelzügen und der Andeutungen klar bezeichnet. Eine andere Zeitung, ich weiß nicht mehr welche, führte jetzt dieses Spiel weiter; sie sah in den Armeejahrbüchern nach, auf welchen Offizier diese Einzelheiten und Andeutungen zutreffen könnten, doch sie griff daneben und nannte klar und deutlich den Namen eines anderen Offiziers, der nicht im entferntesten etwas mit der Affäre zu tun hatte. Diesen Namen habe ich immer noch im Gedächtnis, aber es besteht keine Veranlassung, ihn hier hervorzuziehen. Eine große Debatte spaltete nun die Strategen. War es nicht besser, die Sache in der Schwebe zu lassen und noch zuzuwarten, ehe man eindeutig den »Ulanen« brandmarkte? Die Chance war noch nicht vertan, noch mochte er fliehen. Mathieu Dreyfus entschied auf die ihm gewohnte Weise. Er ertrug den Gedanken nicht, daß weiterhin ein Schatten des Verdachts auf einen ehrlichen Mann fallen sollte, und da das einzige Mittel zu dessen vollkommener Entlastung darin bestand, Klartext zu reden und den Namen statt der Andeutungen zu setzen, beschloß er, daß Esterhazy ohne weiteren Aufschub nun offen genannt werden solle. Man mag sich über unsere Naivität lustig machen, aber wir beklagten unter uns dieses Mißgeschick, das uns fatal schien. Wer konnte sagen, ob Esterhazy nicht nach einigen Tagen des Schwitzens doch noch den Zug nach Belgien genommen hätte, oder gar den nach Deutschland? Die Taktik des tropfenweisen Durchsickernlassens von Informationen, gegen die wir vergebens gestritten hatten, war nun des einzigen Vorteils beraubt, den man sich von ihr hätte erwarten dürfen ... Wir ahnten nicht im geringsten, daß Esterhazy von langer Hand über alles informiert war, auf alles vorbereitet. Er hätte den Zug nach Brüssel oder Berlin nicht in der nächsten Woche genommen noch im nächsten Monat. Er war entschlossen, allem die Stirn zu bieten, weil er wußte, daß die mächtigsten Beschützer entschlossen waren, mit dreister Stirn für ihn einzutreten. Seit den Nachforschungen Picquarts und seiner Entfernung aus dem Kriegsministerium hatte sich das Arsenal der Verteidigung mit allen notwendigen Waffen versehen. Man hatte Antworten auf alle Argumente, alle Fakten, alle Dokumente vorbereitet. Das gefälschte Schriftstück, wo der Name Dreyfus zu lesen stand, lag schon in einem Aktendeckel im Panzerschrank des Deuxième Bureau. Das Intrigenszenarium, mit dem man insinuierte, der Rohrpostbrief sei gefälscht, und damit Picquart erledigte, war bereits festgelegt. Sukzessiv gestaffelte Verteidigungslinien waren eingerichtet. Mit einem Wort: Der Widerstand war gerüstet, ohne daß wir den leisesten Verdacht gehabt hätten.

3

Wieder steht das Rätsel vor mir. Ich weiß, daß unsere Fehler – unter den Umständen vielleicht unvermeidlich – in gewissem Maße den Aufstand der öffentlichen Meinung, mit dem wir rechneten, selbst gelähmt haben. Aber diese meine Erklärung umfaßt nicht jenes unerhörte Phänomen: die Welle des Widerstandes, der – freiwillig, kalkuliert, unversöhnlich – jahrelang fortdauern sollte, sich ständig aus sich selbst nährend und erneuernd, der ständig intensiver und komplexer werden sollte.

Er faßte sehr rasch Fuß im Militär, in der Presse, der Massenmeinung. Aber das, was man mehr oder weniger präzise den Generalstab nennt, war das Zentrum, von dem die Wellen ausgingen. Warum? Ich habe nicht die Absicht, hier mit jener Formel zu tändeln, die damals so häufig gebraucht wurde: der »Ehre der Armee«. Es ist natürlich, daß die Armee eine Ehre hat, das heißt, daß sie *ihre* Ehre hat. Ein Kollektiv, eine Institution können ebenso ein Ehrgefühl haben wie ein Individuum, und insbesondere können sie ihren eigenen Ehrbegriff haben, ihren besonderen Ehrenkodex. Aber inwiefern konnte die Ehre der Armee durch den eingestandenen Irrtum eines Militärgerichts oder selbst durch die Ungesetzlichkeit, von der, wie es sich traf, die Richter überzeugt waren, befleckt werden? Das habe ich damals nicht verstanden, und ich verstehe es heute kaum besser. Wie soll man begreifen, daß die Ehre der Armee so hartnäckig an das Heil eines Esterhazy gekettet wurde? Wie soll man die Ehre der Armee oder auch nur irgendeine beliebige Auffassung von Ehre zusammenbringen mit jener unglaublichen Verflechtung von Intrigen und Fälschungen, die im voraus dazu dienen sollten, alle möglichen Wege eines Revisionsverfahrens zu verstellen, allen Eventualitäten vorzubeugen: der korrekten Identifizierung der Handschriften, der öffentlichen Intervention Picquarts, selbst einer Wortmeldung des Militärattachés Schwarzkoppen? Ich weiß wohl, daß man im Irrtum und in der Lüge nicht mehr an einem beliebigen Punkt innehalten kann. Wer hat nie eine Täuschung begangen, wer hätte nie gelogen? Wer wüßte also nicht, daß man, einmal im Räderwerk verhakt, es wider den eigenen Willen mit erhöhter Kraft weiterlaufen spürt, daß man täuscht, um die vorhergegangene Täuschung zu verdecken, lügt, um einmal mehr die letzte Lüge glaubhaft zu machen? Dies hatte seinen Anteil am Verhalten des Generalstabs; von einem gewissen Augenblick an rief die Lüge nach der Lüge, eine Fälschung bedingte die nächste, der Generalstab war Gefangener seiner selbst und kämpfte für sich selbst. Aber wie konnte dieser Augenblick überhaupt eintreten? Die hohen Militärs machten sich keine Illusionen über Esterhazy; sie haßten Dreyfus nicht; manche von ihnen glaubten privat an seine Unschuld. Weshalb also vom Anbeginn der Affäre – und selbst noch vor diesem – die unbezwingliche Feindseligkeit, die durch nichts aus der Fassung zu bringen war und vor nichts zurückschrak?

Hier rühren wir an das innerste Geheimnis der Affäre Dreyfus. Die anfängliche, ja, schon im voraus eingenommene Haltung des Militärs läßt sich vernünftigerweise nur durch eine einzige Hypothese ein wenig erhellen. Es mußte hier einen Verräter geben – nicht nur im juristischen Sinne des Wortes, sondern tatsächlich im Sinne des Melodramas. Ja, eine melodramatische Verräterfigur, die von der Entdeckung des Verbrechens an ihre guten Gründe hat, den Verdacht auf einen Unschuldigen zu lenken, die persönlich dafür kämpft, daß der Irrtum niemals aufgedeckt wird, daß der wahre Schuldige nie bekannt wird. Diesen Verräter aus dem Melodrama muß man sich sehr geschickt, sehr mächtig, sehr engagiert vorstellen. Eine einzige Person genügt diesen Kriterien: Es ist nicht Esterhazy, der brutale Haudegen, der keinerlei Macht oder Einfluß über die Armeeführung besitzt, es ist Major Henry. Dieser hatte seinen Fuchsbau im Herzen des Generalstabs, er war seit langem der Bevollmächtigte, durch dessen Hände alles ging; alle höchsten Chargen hatten sich seiner guten Dienste bedient, und das Vertrauen, das man ihm entgegenbrachte, war grenzenlos. Und von einem Ende der Affäre bis zum anderen findet man ihn, findet man den entscheidenden Einfluß von Major Henry. Er war es wahrscheinlich, der zuerst den Verdacht auf Dreyfus lenkte; er war es, der den Richtern des Militärgerichts in jenem Moment, da sie zu einem Freispruch neigten, das Geheimdossier vorlegte; er manipulierte die Presse, um die ersten Initiativen Bernard Lazares zu kontern; er organisierte die Kaltstellung von Major Picquart nach dessen Entdeckung des Rohrpostbriefes; er organisierte das Komplott, das Picquart, sobald es notwendig wurde, als falschen Zeugen und als Fälscher entehren sollte. Er fabrizierte die »durchschlagenden« Dokumente des zweiten Geheimdossiers. Immer und überall stößt man auf die Spuren des Verräters aus dem Melodram, bis zu dem Tag, da er, auf frischer Tat ertappt, im Dunkel seines Selbstmords verschwand.

Die Haltung des Generalstabs wird erklärbar, wenn man davon ausgeht, daß Major Henry tatsächlich von Anfang an alle Fäden in der Hand hatte und an allen Schalthebeln saß, daß er gleichzeitig Anreger und Inspirator war wie Werkzeug und Ausführender. Bei ihm treffen alle Züge des hypothetischen Steckbriefs zusammen. Er besaß die Geschicklichkeit – fast seine ganze bekannte und bewiesene Rolle zeigt eine wahrhaft diabolische Schläue. Er hatte die Macht, durch seine Stellung und durch den Ruf, den er genoß. Sein Eigeninteresse war in höchstem Maße engagiert, wenn er – wie ich glaube – für seine eigene Rettung und seine eigene Haut kämpfte, wenn er nun wiederum nicht nur im melodramatischen, sondern auch im juristischen Sinne selbst der Verräter war. Man nehme einmal an, daß Henry der Komplize oder wohl eher der Auftraggeber von Esterhazy war, zu allem entschlossen, um diesen zu retten, weil von Esterhazy eine strenge Untersuchung unweigerlich zu ihm selbst geführt hätte. Und man stelle sich Henry im Kriegsministerium vor, allgegenwärtig, überall vorgelassen, überall willkommen, in einer Stellung, aus der heraus er alles vermochte, geschickt genug, jedem seiner Vorgesetzten genau den Grund zu nennen, mit dem er ihn am besten umgehen oder täuschen konnte – wie er auch für jeden Umstand die Fälschung zu produzieren wußte, die aufs präziseste den jeweiligen Angriff abwehren konnte. Man mache diese doppelte Anstrengung der Phantasie, und dann, glaube ich, wird man weit in die Nähe des Geheimnisses vorgedrungen sein. Was man immer insgesamt den Generalstab nannte, war letztlich ein einziger Mann, der tiefgründig genug war, entschlossen genug, geschickt genug, um seinem eigenen Interesse das einer Institution, ja sogar die Ehre einer Institution vorzuschieben. Jaurès, den die Affäre bis an sein Lebensende plagte, weil ihm all die Ungereimtheiten offensichtlich waren, neigte schließlich mehr und mehr dieser Erklärung zu, und ich glaube mich zu erinnern, daß Joseph Reinach auch an diesem Punkt angelangt war. Ich bezweifle allerdings, daß die Wahrheit je mit völliger Gewißheit bewiesen wird, denn ich sehe nicht, woher neue Tatsachenbelege oder Dokumente kommen sollten. Die Affäre Dreyfus ist klar. Die Affäre Henry wird es wohl niemals sein.

*

In dem Moment, da der Generalstab in die Arena der Öffentlichkeit trat, hatte sich der antidreyfusistische Widerstand mit einem Schlag formiert. Die Armee zieht naturgemäß ein ganzes komplexes Ensemble von politischen und sozialen Einflüssen mit sich, sie ist verknüpft mit der guten Gesellschaft, mit den freien Berufen. Im übrigen diente ihre Intervention anderen Kräften als Deckung, die sich vielleicht alleine gar nicht hervorgewagt hätten, die aber nun, da sie sich derart geschützt fühlten, ungeniert aufmarschierten.

Was ich mit dieser ein wenig sibyllinischen Umschreibung meine, ist einerseits der Antisemitismus, zum anderen sind es die Reste der alten boulangistischen Bewegung. Es gab durchaus Antisemitismus in Frankreich – gewiß weniger als drei Jahre zuvor im Augenblick des Prozesses gegen Dreyfus. Die Tendenz hatte sich abgeschwächt, war aber immer noch mächtig. Die *Libre Parole* war immer noch eine Zeitschrift mit hoher Auflage. Edouard Drumont hatte eine intellektuelle Position inne, die sich durchaus mit der von Charles Maurras kurz vor dem Krieg vergleichen läßt. Die flamboyante Persönlichkeit des Marquis de Morès beschäftigte die romantische Phantasie. Dies war kein Pogrom-Antisemitismus der gewalttätigen und blutigen Aktionen; außer in Algerien gab es auch gar keine Ansammlungen von Juden, die hierfür groß genug gewesen wären. Um sich eine genaue Vorstellung von dieser Haltung zu machen, muß man sich die literarischen und künstlerischen Produkte der Epoche ansehen, die Romane von Gyp, die Theaterstücke von Henri Lavedan und Maurice Donnay, die Zeichnungen von Forain. Dieser Antisemitismus war in den exklusiven Zirkeln der Pariser Gesellschaft entstanden, wo sich die feine Welt und die freien Berufe trafen;

seine unmittelbare Ursache war das indiskrete Vordringen reich gewordener Juden oder das als allzurasch empfundene Aufrücken fleißigbegabter Juden gewesen. Praktisch äußerte er sich nicht eigentlich in der Verfolgung der Juden, sondern in einer Tendenz zur Ausschließung. Die Theoretiker des Antisemitismus haben in der Tat das Erscheinen des Jüdischen gerne als Einführung eines Fremdkörpers in den sozialen Organismus dargestellt, eines Fremdkörpers, der unmöglich zu assimilieren ist und dem der Organismus einen natürlichen Abwehrreflex entgegensetzen muß.

Genau dieses theoretische Postulat findet man heute im Rassismus Hitlers wieder, der dieser Theorie andere Formen gegeben und aus ihr alle Konsequenzen gezogen hat: fundamentale Unterscheidung zwischen den Menschenrassen; Fortdauer, Unveränderlichkeit, ewige Wiederkehr ihres moralischen und physischen Charakters; starre Unvereinbarkeit des Denkens, Fühlens und der Sitten der jeweiligen Ethnien. Aber die Ausschließung führt am Ende zur Verfolgung; die klare Unterscheidung zwischen den Rassen führt logischerweise zu einer Klassifizierung, zur Einrichtung einer Hierarchie. Um die Affäre genau einschätzen zu können, muß man sich also daran erinnern, daß Dreyfus Jude war, daß ein Jude immer ein Jude bleibt, daß die jüdische Rasse gewisse moralische Regeln niemals anerkennen wird, daß ihr unweigerlich gewisse ererbte Makel anhängen! Und war nicht einer dieser ethnischen Grundzüge, die unbedingt auf alle Juden übergehen, eben die angeborene Lust am Verrat? Hatte man nicht jahrhundertelang die jüdische Rasse als Nachkommenschaft des Judas verhöhnt? So hatten es zwar die Juden abgelehnt, Dreyfus zu verteidigen, weil er Jude war, die Antisemiten aber zögerten nicht, ihn für schuldig zu halten, weil er Jude war. Die Rasse des Täters gab ihnen eine erste Erklärung der Tat an die Hand. Und so, wie der Antisemitismus auf anderen Gebieten sich den heuchlerischen Anstrich der sozialen Verantwortung gab, erlaubte ihm nun das Hervortreten des Generalstabs, sich erlesen patriotisch zu geben.

Was den Boulangismus angeht, so weiß ich nur zu gut, daß ich mich auch hier eines Wortes bediene, von dem der heutige Leser sich kaum mehr einen genauen Begriff machen kann. Aber man begreift die Affäre Dreyfus nicht, wenn man aus dem Blick verliert, daß sie weniger als acht Jahre nach einer gescheiterten Revolution losbrach. Man darf die Bedeutung gewisser politischer Bewegungen nicht an ihrem Erfolg messen. Wenn ein revolutionäres Unternehmen gelingt, geht es in die Geschichte ein, es wird selbst zur Geschichte; wenn es scheitert, läßt es nur eine blasse, peinliche Spur zurück. Und doch liegt zwischen Erfolg und Scheitern oft nur ein schmaler Zufall. Der Boulangismus, der gescheitert ist, stellt sich heute als ein Aufmarsch der Konfusion und der Lächerlichkeit dar. Und trotzdem hatte er zwei Jahre lang die Leidenschaften Frankreichs erregt, er hatte es bis in die Tiefen aufgerührt und umgewühlt. Die boulangistischen Führer waren sich ihres Sieges sicher gewesen – und die Wahrheit ist, daß sie ihn tatsächlich schon in den Händen hielten. Damit er ihnen entglitt, brauchte es ein Wunder oder besser eine quasiwundersame Verknüpfung von Ereignissen. Wenn sich die Geschichte mit der Logik eines Abenteuerromans vollzöge, dann hätte Boulanger am 27. Januar 1889 nach seiner Wahl im Departement Seine den Elyséepalast besetzen müssen; eine boulangistische Mehrheit wäre aus den allgemeinen Wahlen hervorgegangen, die acht Monate später stattfinden sollten. Auf dem Papier hatte der Staatsstreich von Louis-Napoléon, der ja gelang, unendlich geringere Chancen als das boulangistische Abenteuer, das ein so diffuses und schäbiges Ende fand.

Wie hätten solche Hoffnungen nach ihrem Absturz nicht eine bittere, zur Gewalt gestimmte Enttäuschung hinterlassen sollen, Neid und Zorn? Die boulangistischen Kader hatten Boulanger zum großen Teil überlebt. Die entschlossensten und treusten Führer der Boulangisten waren immer noch da, und sie standen trotz größter Unterschiede ihrer Herkunft in enger Verbindung miteinander. Sie dachten an nichts als an Rache und Revanche. Schon einmal, vier Jahre vor der Affäre Dreyfus, schien ihnen beides in greifbare Nähe gerückt: Der Panamaskandal, mit dessen ungeheurem Widerhall sich keine unserer zeitgenössischen Skandalaffären vergleichen kann, hatte ihnen jene Parteien, manchmal sogar jene Personen ausgeliefert, die an vorderster Front den Boulangismus bekämpft hatten. Maurice Barrès ist hier der sicherste Zeuge. In allem, was er über *le Panama* geschrieben hat – und das wird gewiß nicht das am wenigsten Dauerhafte seines Werkes sein –, findet man diesen Ton des skalpschwingenden Tanzes, diese wilde Freude am Begleichen einer alten Rechnung. Das war die Rache. Die Revanche bestand darin, daß man Zorn und Ekel, welche das Land schüttelten, auszunützen suchte, den Sturz der Regierungen, die eine nach der anderen zerbröckelten, die Diskreditierung der Institutionen und Parteien, die Entehrung der Personen; sie bedeutete, daß man auf diesem verwüsteten Grund die erstickte boulangistische Revolution auferstehen lassen und die nationale Revolte mobilisieren wollte, um das verrottete Parlament auszukehren, um eine stabile, starke Macht zu begründen. Diese Hoffnung hatte nichts Chimärisches, das können wir sagen, da wir ihre Ursache kennen – um so mehr, da sich unter unseren Augen der 6. Februar 1934 zugetragen hat.

*

Doch war das Panama-Abenteuer ebenso gescheitert wie das erste große Abenteuer des Boulangismus. Die alten Adjutanten Boulangers hatten den Skandal ausgelöst und nach Kräften genährt; aber der aufsteigende Sozialismus hatte daraus seinen Nutzen gezogen. Gleich nach dem Panamaskandal nahmen fünfzig Sozialisten ihre Plätze in der Kammer ein. Nun aber bot sich mit der Affäre Dreyfus schicksalhaft eine neue Gelegenheit – noch einmal die Chance zur Rache, die Chance zur Revanche. Jetzt hatte man sie endlich, jetzt würde man sie nicht mehr loslassen, die verhaßten Feinde, diese Joseph Reinachs und Clemenceaus, die man schon den Panamaskandal hatte kosten lassen und die sich nun tollkühnerweise wieder als Zielscheiben darboten. Man hatte sie, die opportunistischen Senatoren des Hohen Gerichtshofs, die Boulanger verurteilt hatten und jetzt heimlich für Dreyfus arbeiteten. Dieselben Schießbudenfiguren waren wieder für die boulangistischen Salven aufgestellt. Und die Stunde der politischen Revolution schien endlich gekommen – niemals, nicht einmal zu Zeiten des Generals, schien die Gelegenheit günstiger. Die Affäre Dreyfus bot der nationalistischen Propaganda ein unverhofftes Thema. Sie erlaubte es nun, das patriotische Empfinden im Lande zu erregen und zu schüren, welches von allen Gefühlen die unruhigste und – ist es einmal beunruhigt – die mächtigste unter den kollektiven Leidenschaften ist. Sie sollte insbesondere die Allianz des nationalistischen Lagers mit der Armee besiegeln, was notwendig war, um siegreiche Schläge zu führen. Die Armee sah sich von der Kampagne für Dreyfus ins Visier genommen und angefallen – die alten Boulangisten machten sich zu den glühendsten Verteidigern der Armee, damit die Armee zu ihrem Werkzeug werden sollte. Also sah man unter den Kräften des Widerstands das komplette boulangistische Personal aus Presse, Parlament und auch Literatur – wobei man Barrès hier ausnehmen muß, dessen Fall, wie man sehen wird, komplizierter lag. Die Liga der Patrioten, deren Führer Paul Déroulède war, stellte die Stoßtrupps für die Straße. In dem Maße, in dem sich die Affäre entwickelte, sammelten die Boulangisten eine breitere »Volksfront« um sich, mit ihrem Hauptorgan der Liga des französischen Vaterlandes, die sich in der Regel auf sehr schlichte, gewöhnliche und starke Appelle an das Nationalgefühl beschränkte. Diese weitverzweigte Operation mußte eines Tages zu ihrem natürlichen Höhepunkt kommen, soll heißen: zum Versuch eines militärischen Coups. Das war die Geschichte vom Kasernenhof in Reuilly.

Würde ich eine politische Geschichte der Affäre schreiben, würde ich hier in meiner Schilderung noch weiter ausholen. Ich würde hinter dieser antisemitischen oder boulangistischen Vorhut jene Massen zeigen, die schon lange bereit waren, zum Kampf überzugehen, und ihre Stunde abwarteten. Einerseits der Klerus, die Ordens- und Weltgeistlichkeit, und die ganzen katholischen Organisationen, denn Fälle wie Paul Viollet oder Léon Chaine waren bemerkenswerte Ausnahmen, und das »Katholische Komitee zur Verteidigung des Rechts« empfing kostbare, aber nur seltene Ermunterungen. Andererseits die Männer der – wie man früher sagte – »alten Parteien«, jene, die in der Republik immer noch eine zufällige Episode im Leben der Franzosen sahen und die Hoffnung nicht aufgegeben hatten, den König oder den Kaiser zurückzuholen. Dahinter der Plan, zugunsten eines Nationalgefühls mit klarem Ziel entweder die laizistische Republik oder die Republik überhaupt zu zerstören. Auf diesem Terrain fand dann der Kampf zu Zeiten von Waldeck-Rousseau und Combes statt.

Dieser Kampf war eine Verlängerung der Affäre, doch gehört er nicht zu der Affäre in dem Sinne, wie ich sie hier dem Leser vor Augen stellen möchte. Ich wollte hier nur die Elemente des anfänglichen Widerstandes voneinander abgrenzen – jenes Widerstandes, den die Dreyfusards der ersten Stunde bei ihren Planungen mit solcher Naivität unberücksichtigt ließen und der sie dann verblüffte und in eine Art Verzweiflung versetzte, so vollkommen blockierte er ihren enthusiastischen Optimismus. Ich habe genug gesagt, um erkennen zu lassen: Wenn die Affäre Dreyfus die Form einer politischen Krise annahm, so geschah dies ganz unabhängig von den Dreyfusards und fast wider ihren Willen. Ich hoffe, daß es mir auch gelungen ist, klarzumachen, wie das Widerstandssystem – nachdem es sich einmal in der populären Phantasie festgesetzt hatte – jene antidreyfusistische Legende aufbauen konnte, die zu zerstören es dann so viele Jahre brauchte. Die ursprünglichen Dreyfusards und ihre ersten Rekruten wurden zum »Syndikat«, genauer gesagt zum »jüdischen Syndikat«. Die Affäre wurde ein Komplott, das in allen Einzelheiten mit der Macht des Goldes vom jüdischen Syndikat und von Deutschland organisiert worden war – die Juden wollten ihren Rassegenossen retten, Deutschland den Verräter, der ihm so kostbare Dienste geleistet hatte. Alle Unschuldsbeweise wurden umgestülpt zu Beweisen für das Komplott. Millionen glaubten in aller Unschuld an diese Legende, ebenso wie heutzutage Millionen, irregeführt mit denselben Mitteln, in aller Unschuld an die Ermordung des Gerichtsrats Prince durch die freimaurerische »Mafia« geglaubt haben.

4

Nun, da ich die Topographie des Schlachtfeldes geschildert habe, muß ich zur homerischen Aufzählung der Kämpfer übergehen. Unter den Männern, die ich bewunderte, die ich kannte, die ich durch die Affäre kennenlernte – welche waren da Gegner, welche Waffenbrüder? Ich rufe sie aus den Tiefen meines Gedächtnisses herauf, und im Strudel der Erinnerung finde ich manche meiner Gefühle von damals wieder; wieder spüre ich das enthusiastische Erstaunen oder die bittere Enttäuschung, die bestimmte unerwartete Zugänge, bestimmte trostlose Abfälle von unserer Sache begleiteten. Tatsächlich überraschte mich die Parteinahme der einzelnen für das eine oder andere Lager kaum weniger als das Entstehen dieser feindlichen Lager selbst. Ich war jung, und es gab etwas, das die Erfahrung mich noch nicht gelehrt hatte: daß die trügerischste aller geistigen Übungen darin besteht, das Verhalten eines Menschen bei einer wirklich unvorhergesehenen Herausforderung vorausberechnen zu wollen. Man täuscht sich fast mit Gewißheit, wenn man eine solche Frage mit psychologischen Überlegungen auf Grund des uns bereits Bekannten zu beantworten sucht, durch eine Art logischer Verlängerung des uns bekannten Charakters des betreffenden Menschen und seines bisherigen Lebens. Jede Herausforderung ist neu, und jede findet einen neuen Menschen vor.

Unter den Stars des Antidreyfusismus – und sogar des Dreyfusismus – gab es manche, die nicht an ihrem logischen Platz standen, an dem Platz, den die Logik für sie vorhergesehen hätte, und dieses Hinüber-Herüber irritierte mich in meiner Einfalt. Gewiß empfand ich keinerlei Mißtrauen im Falle Jaurès. Er war Dreyfusard aus dem ältesten Kontingent, und es war mir nie eingefallen, es könne anders sein. Er war es »auf natürliche Weise, wie man atmet«, obwohl die Autorität von Lucien Herr nicht auf seinen Geist gewirkt hatte. Ich kannte diesen Mann noch nicht, an den ich mich dann während seines Lebens so eng anschließen sollte und der nach seinem Tode das meine verändern würde. Ich begegnete ihm bei den ersten Zusammenkünften bei Herr in der Rue du Val-de-Grâce, und Herr war es auch, der mich dann zu ihm nach

Hause mitnahm. Er bewohnte in der Rue Madame in einem Haus, das nicht alt, nicht neu war, ein ganz kleines Lehrerlogis. Um die Mitte der Affäre verließ er es, um sich droben in Passy einzurichten, in dem schmalen Häuschen, das die Journalisten jener Zeit als »reizende Villa« oder »komfortables Domizil« beschrieben. Ich sehe mich wieder ihm gegenüber, bedrückt von etwas, das schwerer lastete als die Gefühlserregung – die hohe Bewunderung für eine Begabung; etwas, das mir natürlich war und durch die Affäre noch verstärkt wurde. Es teilte sich mir auch rasch unmittelbar mit, daß sein Dreyfusismus nicht nur die Folge einer durch Nachdenken gewonnenen Überzeugung war – es steckte in Jaurès darüber hinaus eine ritterliche Generosität, eine Art Donquijoterie (manchmal geradezu tollkühn, wie man in der Affäre Syveton sah), die ihn instinktiv zur Berichtigung aller möglichen Mißstände trieb, zur Hilfeleistung bei allen möglichen Ungerechtigkeiten. Ich begriff dann später, in welch tiefem Sinne des Wortes er »human« war, was für ihn die Idee der Humanität wirklich bedeutete und weshalb er geneigt war, in jeder einzelnen menschlichen Ungerechtigkeit einen symbolischen Kommentar zum allgemeinen Unrecht zu suchen.

Ja, in Jaurès hatte ich mich nicht getäuscht, die Realität war lediglich über meine Erwartungen hinausgegangen. Doch auf Anatole France beispielsweise hätte ich nicht zu hoffen gewagt. Als ich erfuhr, daß er Dreyfusard war, entzückte und erstaunte mich das. Niemals hätte ich nach dem, was ich damals wußte, die Kühnheit gehabt, mir den France der Treffen im Faubourg, den France von *Monsieur Bergeret à Paris*, den France der erhabenen Rede am Grab von Zola logisch zu konstruieren. Ihn kannte ich schon vor Ausbruch der Affäre. Er hatte mich ermuntert und meine ersten Versuche in die *Revue Blanche* aufgenommen. Schienen ihn nicht gerade seine vollkommene Kultur und Professionalität, seine umfassende Skepsis, seine freiwillige Zurücknahme der eigenen Person von allen Aktionen von vornherein auszuschließen? Der Weltweise und der Künstler schienen gleichermaßen fehl am Platz in diesem öffentlichen Kampf. Und trotzdem warf sich France ins Getümmel, Hals über Kopf, ohne Vorbehalt. Er tat dies mit einer solchen Entschlossenheit, daß es kindisch wäre, seine Entscheidung dem Einfluß seiner

Umgebung oder alter Anhänglichkeit zuzuschreiben. Eine solche Erklärung wäre um so törichter, als ich hier das innerste und sprödeste Wesen des Mannes noch gar nicht berührt habe. Aber heute, im nachhinein, verfüge ich über das Wissen, das mir damals in der Vorausschau fehlte. Ich verstehe nun, daß in seinem Innersten immer – wie er es im übrigen selbst genannt hat – »der rationalistische Glaube« da war, daß seine universelle Skepsis der methodische Zweifel von Montaigne und Descartes war und daß es am Ende keinen sehr großen Unterschied zwischen dem Abbé Jérôme Coignard und Monsieur Bergeret gab. France wurde Dreyfusard, weil in seinen Augen die methodische und wissenschaftliche Arbeit der Intelligenz die einzig verläßliche Realität war. Und hat er nicht während der schärfsten Krise der Affäre eine Rede bei einer öffentlichen Versammlung mit Worten geschlossen, die bewundernswert sind, weil sie einfach sind: »Wir werden recht behalten, denn wir haben recht« – *Nous aurons raison parce que nous avons raison*?

*

Wie hätte man in jenem September 1897 voraussehen können, daß an der Spitze der Liga des französischen Vaterlandes bald Jules Lemaître und François Coppée stehen sollten – Lemaître, dessen frivoler Skeptizismus gewiß nicht auf rationalistischer Grundlage ruhte, Coppée mit seiner diskreten und häuslichen Sentimentalität eines alten Junggesellen? An beide dachte ich damals nicht, aber wenn ich mit meinen Freunden zusammen versuchte, eine Liste der wichtigen Männer zusammenzustellen, »die ganz bestimmt für Dreyfus sein würden«, dann hielt ich obstinat daran fest, daß Henri Rochefort zu ihnen gehören würde. Kürzlich ist eine Sammlung von Erinnerungen unter dem reizvollen Titel »Aus der Equipagenzeit« erschienen; die meinen ließen sich unter den Titel stellen: »Aus der Zeit, als der *Intransigeant* noch ein Morgenblatt war«, als die hundert täglichen Zeilen Rocheforts der Zeitung den stärksten Verkauf in ganz Paris sicherten. Dieser Rekrut hätte Gardemaß gehabt, denn niemand übte über den flatterhaftesten, unstetesten und deshalb leidenschaftlichsten Teil der öffentlichen Meinung eine stärkere

Herrschaft aus als Rochefort. Und es war durchaus nicht abwegig, darauf zu zählen, daß er sich anschließen würde.

Wenn man die Linien der komplizierten Biographie Rocheforts verlängerte, dann mußte man zwangsläufig bei einem Dreyfusard ankommen. Man konnte sich für ihn kaum ein lebhafteres Vergnügen vorstellen als den Nachweis, daß ein von aller Welt für schuldig erklärter Mensch unschuldig war. Seine stärkste und ständig bewiesene Neigung war es, jeder herrschenden Macht entgegenzutreten, jeder etablierten Tradition und jeder überall verbreiteten Meinung zu widersprechen, jeden »abgeschlossenen Fall« neu aufzurollen. Er bot ein vollkommenes Beispiel dessen, was man damals den Geist der systematischen Opposition nannte und was man heute als Nonkonformismus bezeichnet. Ich füge hinzu, daß er selbst durch die Hände eines Kriegsgerichts gegangen, selbst auf einer Teufelsinsel gelandet war. Warum versäumte Rochefort das ihm nun vorherbestimmte Engagement? In den Journalen der dreyfusistischen Guerilla, in den *Droits de l'Homme* zum Beispiel, deren glühendster Redakteur Jean Ajalbert war, zog man sich mit einem praktischen Histörchen aus der Affäre. Rochefort, bereits sehr alt, hatte kürzlich eine sehr schöne und sehr junge Frau geheiratet; der boshafte Klatsch wollte wissen, daß ein Dreyfus in ein gewisses diesen Ehefrieden störendes Abenteuer verwickelt und daß deshalb jeder Träger dieses Namens verhaßt war. Nun hat man schon banalere Ursachen größere Wirkungen hervorbringen sehen. Es mag auch sein, daß das Erscheinen der Zeitschrift *L'Aurore*, die sein engster Mitarbeiter Ernest Vaughan als Konkurrenz gegen ihn ins Leben gerufen hatte und die sofort ein dreyfusistisches Organ wurde, ihn in seiner feindseligen Befangenheit festhielt. Ich glaube heute, daß Rochefort, der Freund des Generals Boulanger, der mit diesem zusammen vom Bannstrahl des Hohen Gerichtshofs getroffen wurde und vor kurzem erst aus dem Exil zurückgekehrt war, vor allem gemäß dieser boulangistischen Solidarität handelte, die uns damals unklar blieb und deren Macht ich zu beschreiben versucht habe.

Umgekehrt aber: Weshalb war Clemenceau Dreyfusard? Er hat in der Affäre eine so große Rolle gespielt, daß sein Name von ihr heute gar nicht mehr zu trennen zu sein scheint. Und doch, was hätte denn in seinem Fall die Methode der Extrapolation vom bekannten Charakter eines Mannes, das Schema der logischen Verlängerung ergeben? Wohl, er hatte Freunde und gute Bekannte, die Dreyfusards waren, Scheurer-Kestner, Vaughan, der ihm eben die politische Leitung der *Aurore* übertragen hatte, Gustave Geffroy, den Kreis um die Ménard-Dorians. Aber welche Hinweise hätte man seiner vergangenen Karriere als Mann der Öffentlichkeit ablesen können – einer Karriere, die seit dem Panamaskandal endgültig beendet schien? Er war der Anführer eines radikalen, chauvinistischen Nationalismus gewesen, der sich nach 1871 im Strudel der Niederlage gebildet hatte. Er hatte Gambetta angeklagt, eine französisch-deutsche Aussöhnung vorzubereiten. Er hatte Ferry bekämpft, weil die koloniale Expansion die militärische Macht Frankreichs auf einem anderen Kontinent band und sie der Revanche in Europa entzog. Er hatte selbst dem Antiklerikalismus einen nationalistischen Stempel aufgedrückt: Die katholischen Franzosen waren ihm suspekt, insofern sie dem Bischof von Rom gehorchten, einem ausländischen Souverän. Er hatte Boulanger nach oben gebracht, und er war ein gutes Stück Wegs zusammen mit der boulangistischen Partei gegangen. Als sein politisches Leben schließlich zu Ende ging, konnte man ganz deutlich erkennen, daß für diesen Mann ein Justizirrtum, eine Verletzung gesetzlicher Formen, ein zu Unrecht Verurteilter, der unschuldig für ein Verbrechen büßte, kaum auf dem Gewissen lasteten und nicht einen Augenblick lang den schlichten Instinkt für das nationale Interesse schwanken ließen. Dieser Jakobiner war in erster Linie eine Verkörperung der Staatsraison, des machiavellistischen Fürsten, der kollektiven Ordnung, die sich über das Recht hinwegsetzt. Was zählte für ihn ein Menschenleben? Die Beschaffenheit seiner Phantasie machte ihn im übrigen dem Mitleid sehr schwer zugänglich. Er war eine eigenartige Persönlichkeit, er trieb die Menschenverachtung bis zu einem grausamen Zynismus, er glaubte bei keiner Handlung an ihre Aufrichtigkeit oder ihre Wirksamkeit – und empfand doch ein zwanghaftes Bedürfnis, danach zu handeln, sein Leben hing daran.

Logischerweise, seiner natürlichen Entwicklungslinie folgend, hätte er sich an die Spitze des Widerstands gegen die Revision stellen, sich zum Apologeten der Staatsraison machen müssen, zum Vertreter des erregten Nationalgefühls. Er hätte sich in die Regierung aufschwingen und schon zwanzig Jahre früher mitten in der Affäre Dreyfus jener Clemenceau werden sollen, der er dann im Krieg wurde. Hat er je während seiner letzten Jahre des Ruhms und der Einsamkeit sein Schicksal auf eine Weise in die Hand genommen wie damals? Fest steht, daß er später in der entgegengesetzten Richtung den Weg zur Macht zurück suchte und mit Leichtigkeit fand. Damals aber lebte er außerhalb der Politik, von der ihn seit beinahe vier Jahren der Haß seiner Gegner und die Feigheit seiner Freunde ausgeschlossen hatten. Er versuchte mit nüchterner und unermüdlicher Energie, sich als Journalist und Schriftsteller »ein neues Leben aufzubauen«. Sich ein neues Leben aufzubauen, das heißt sich wieder eine Jugend erringen. Vielleicht gab es in diesem Zeitraum ein kurzes Weicherwerden, einen Wandel zum Generösen? Ich glaube vor allem, daß ihn die seltsam enge Verwandtschaft von Dreyfus' Geschichte mit seinem eigenen Mißgeschick anrührte. Denn auch er war das Opfer eines Justizirrtums geworden, auch er wurde verurteilt, als man ein Aktenstück vorlegte, das er nicht geschrieben hatte. Auch er wurde von den Fälschern als Verräter gegeißelt. Wenn ihn seine Freunde verleugneten, seine Wähler im Stich ließen, wenn ihn die Kammer ausstieß, wo er den ersten Platz innegehabt hatte, dann deshalb, weil man groteske Erfindungen in den Gerichtssaal brachte und im ganzen Land verbreitete – plumpe Fälschungen eines Anfängers, der ihn als bezahlten Agenten Englands verleumdete. Die Fälschung der Norton-Dokumente wurde erwiesen, es gab sogar ein Geständnis, aber die Legende hatte nichts von ihrer giftigen Gewalt verloren, und er war immer noch von der Katastrophe gebeugt. Dreyfus zu rächen – hieß das nicht auch, ein wenig Rache für sich selbst zu nehmen? Wenn die erlittenen Ungerechtigkeiten ihrem Wesen und ihrem Zeitpunkt nach eng zusammenliegen, mag eine egoistische Regung den Anschein menschlicher Sympathie bekommen.

*

Als man sich Anfang Dezember 1897 damit beschäftigte, Unterschriften für die ersten Listen der Dreyfusards zu sammeln, und als die Aufgaben unter alle gutwilligen »Aktivisten« verteilt wurden, übernahm ich es voll Eifer, bei Barrès vorzusprechen. Ich hatte ihn in dem Städtchen in Lothringen kennengelernt, wo seine Eltern lebten und wo ich manchmal in den Ferien ein paar Wochen bei einem verrückten alten Onkel verbrachte. Im Haus seines Vaters hatte er mich zum ersten Mal empfangen, als er noch ein junger Mann war, ich ein Halbwüchsiger. Wie oft aber hatte ich seitdem morgens bei ihm angeklopft, in der Rue Caroline, ganz nahe an der Place Clichy! Ich fand ihn dann immer ganz oben in diesem kleinen Künstlerstadthaus, im Atelier, das er als Bibliothek eingerichtet hatte. Ich störte die Fechtstunde, die er sich jeden Morgen auferlegte, und er war entzückt über die Unterbrechung. Er sagte zum Fechtmeister: »Dann bis morgen!« und zu mir: »Also, setzen Sie sich, was haben Sie diese Woche getrieben?«

Ich überlasse mich diesen Erinnerungen, weil sie mir immer noch teuer sind, weil es ein sanfter Genuß ist, sie zu verfolgen, bis sie etwas anderem weichen mußten. Ich sehe wieder die stolze, charmante Anmut seiner Begrüßung, diese natürliche Noblesse, die es ihm erlaubte, den schüchternen Debütanten, der da über seine Schwelle trat, von gleich zu gleich zu behandeln. Ich bin sicher, daß er mir gegenüber wirkliche Freundschaft empfand, es war fast die Fürsorglichkeit eines älteren Bruders. Als wir uns viele Jahre später, nach der langen Trennung, welche die Affäre nach sich zog, in der Kammer wiederbegegneten, sagte er mir eines Tages: »Sie haben meine Jugend geliebt, und sie bleibt Ihnen nichts schuldig ...« Zehn Jahre lagen zwischen uns, dieselbe Distanz wie zwischen Paul Bourget und ihm. In jener Generation von Schriftstellern, die der meinen unmittelbar vorausging, war er für mich – wie für den größten Teil meiner Kameraden – nicht nur der Meister, sondern der Anführer; wir bildeten um ihn eine Schule, fast einen Hofstaat. Wir spürten gut, daß er selbst – so rasch vom Erfolg gekrönt – seinen Einfluß auf die Jugend bei weitem der Gunst der Älteren vorzog. Und da er unser Führer war, nun, so mußte er uns wohl folgen. Wir hatten so sehr wie er gefühlt, daß er gar nicht anders denken konnte als wir. Ich hätte mich für seine Unterschrift fast auf eigene Faust verbürgt, und ich war fröhlich und zuversichtlich, als ich ihn an jenem Wintertag in seinem neuen Haus am Boulevard Maillot aufsuchte.

Er sagte nicht ja und nicht nein. Er verbarg mir seine Beunruhigung nicht. »Ich bin ziemlich genau informiert«, sagte er. »Noch nie habe ich Zola häufiger getroffen. Eben erst habe ich wieder mit ihm zu Abend gegessen …« Ebensowenig wie Bourget verhehlte er seine Bewunderung für Zola. Er fügte hinzu: »Zola hat Mut. Das ist ein Mann! Aber warum sagt er nicht alles, was er weiß – und was weiß er denn im Grunde?« Er schwieg einen Augenblick und sprach dann weiter: »Es gibt eine Erinnerung, die ich nicht loswerde. Ich habe vor drei Jahren bei der Degradierung von Dreyfus zugesehen. Ich habe einen Artikel darüber geschrieben, im *Journal*, Sie erinnern sich … Und jetzt frage ich mich, ob ich mich nicht getäuscht habe. Ich sage mir nun, daß jede der Gesten, jedes Mienenspiel, die ich damals als Zeichen einer totalen, vollkommenen Schuftigkeit gelesen habe, auch das genaue Gegenteil bedeuten konnte. War Dreyfus der Schuft – war er ein Stoiker, ein Märtyrer? Ich weiß gar nichts mehr …« Ich erinnere mich an seine Worte, nicht an die meinen. Zweifellos versuchte ich, den gegebenen Vorteil auszunützen, aber er unterbrach mich: »Nein, nein … Ich bin verwirrt, und ich will noch nachdenken. Ich schreibe Ihnen …«

Ich begriff nicht, daß diese drei Worte »Ich schreibe Ihnen« bereits die Zurückweisung enthielten. Mit durchaus stolzer Befriedigung stattete ich über meine Mission Bericht ab, und ich wartete auf seinen Brief. Tatsächlich schrieb Barrès mir einige Tage später. Er sprach wieder von Zola, mit Freundschaft und Hochachtung, aber er sah weder auf der einen noch auf der anderen Seite – sagte er – eine erwiesene Wahrheit. Die kalkulierten Schweigsamkeiten der Dreyfusards beunruhigten und ärgerten ihn. Und im Zweifelsfalle hielt er sich an das Nationalgefühl als Orientierungspunkt … Dieser Brief fiel mir auf die Seele wie der Tod eines Freundes. Etwas war zerbrochen, ans Ende gekommen; einer der Wege, die sich meiner Jugend geöffnet hatten, war versperrt. Ich glaube heute, daß Barrès sich nicht ohne schmerzliche Konflikte entschied. Er mußte spüren, daß diese Wahl über sein weiteres Leben entscheiden würde. Bis jetzt war es ihm noch gelungen, den boulangistischen Barrès mit dem Barrès von *Sous l'Œil des Barbares* und *Un Homme Libre* zu versöhnen. Nun traf er eine Entscheidung; er entschied sich gleichzeitig als Schriftsteller gegen sein wichtigstes Publikum, von dem er sich nun abschnitt, und für die Gefährten des politischen Kampfes. Die boulangistische Solidarität hatte auch ihn an sich gezogen. Es scheint mir heute, daß ich diese innere Krise klar vor mir sehe. Ich weiß nun auch, daß die politische Aktion für Barrès keineswegs – wie ich geglaubt hatte – eine Lockerungsübung, eine Erholung, fast ein Spiel war; daß die Anziehungskraft der Biographien etwa von Canning, Chateaubriand, Disraeli nicht nur auf seine künstlerische Phantasie wirkte. Heute kann ich seine Geisteshaltung nüchtern und wahrscheinlich gerecht beurteilen. Aber damals empfand ich nur das Zergehen eines Enthusiasmus, eine bittere Niedergeschlagenheit, eine Trostlosigkeit.

Habe ich in diesem Bericht spüren lassen, was alles an dramatischer Gewalt in der dreyfusistischen Leidenschaft steckte? Das Drama Barrès' bewegte mich am stärksten, aber es war nicht das einzige. Andre Gide war Mitschüler von Pierre Louys an der École Alsacienne gewesen, ehe er der meine am Lycée Henry IV wurde. Da er sich nacheinander mit ihm und mir befreundet hatte, hatte er so auch uns beide zusammengebracht. Alle drei hatten wir während meines letzten Jahres am Gymnasium die kleine Poesiezeitschrift *La Conque* gegründet, wo Paul Valéry seine ersten Verse veröffentlichte. Andre Gide wurde sofort Dreyfusard, aber Pierre Louys, seit seiner *Aphrodite* bereits berühmt, war sogleich Dreyfusgegner. Warum? Ich weiß es nicht genau. In Pierre Louys steckte viel Rätselhaftes – es war immer schwierig, den jeweiligen Anteil von Kalkül und Mystifikation abzuwägen, der in allen seinen Handlungen steckte. Was ich noch gut weiß, ist, daß wir sofort aufhörten, einander zu sehen, in schweigender Übereinkunft, im Bewußtsein, daß alle Erklärungen unnütz waren. Und ich glaube, er hat sich insgeheim dasselbe gesagt wie ich: »Ach was! Eines Tages wird man sich schon wiederbegegnen – das Leben liegt vor uns, um uns erneut zusammenzubringen ...« So sagt man sich stets, wenn die Freundschaft, anstatt langsam zu welken und nachzulassen, in ihrer vollen Kraft brüsk abgeschnitten wird. Aber der Tod war es, der kam, und ich habe Pierre Louys nie wiedergesehen.

Mir scheint, daß man nicht einmal während des Krieges solch brutale Trennungen durchlebt hat – und andererseits so plötzlich entstehende Freundschaften, auf der Stelle erschaffen durch das Bewußtsein derselben Meinung. Eine kleine Szene, gleichzeitig banal und wunderlich, fällt mir wieder ein, und ich setze sie hierher, weil sie mir typisch scheint. Im Frühling 1898 ging ich eines Morgens zu einem Zahnarzt, in dessen Sessel ich schon zwei- oder dreimal zu kurzen Behandlungen Platz genommen hatte. Es war ein noch junger Mann, mit dem Aussehen und dem Gebaren eines Kavallerieoffiziers. Als er zu mir ins Wartezimmer trat, sagte er unvermittelt: »Sich an Picquart zu vergreifen, das werden sie denn doch nicht wagen!« Ich kannte ihn kaum; nie hatten wir ein Wort über die Affäre gewechselt. Meine erste Regung war ein Zurückweichen. Ich fühlte mich fast ein wenig beleidigt: Woher weiß er, daß ich Dreyfusard bin? Warum hat er sich zurechtgelegt, daß ich einer sein muß? Weil ich Blum heiße? Weil ich Jude bin? Diese Gedanken verflogen sofort, und ich fühlte, daß ein Freund vor mir stand.

*

Diese automatische Einteilung war es zweifellos, die während der so schwer lastenden Jahre der Affäre das Leben nicht nur erträglich machte, sondern glücklich werden ließ. Mit einem Ruck erhellten sich Seelentiefen, in die man bei der längsten, innigsten Freundschaft nicht vorgedrungen war oder vorgedrungen wäre. Man lebte ganz und gar unter Freunden, die dasselbe empfanden wie man selbst, weil jene, die nicht an diesen Gefühlen teilhatten, aufhörten, Freunde zu sein – weil jene, die sie teilten, sogleich Freunde geworden waren.

In den Kreisen der jungen Literatur, die mir am meisten vertraut waren, herrschte eine fast vollkommen einheitliche Stimmung für Dreyfus. Nach dem ruhmreichen frühen Tod der *Conque*, die nach zehn Faszikeln verschwand, schrieb ich, wenn auch weniger regelmäßig, im *Banquet*, dessen Berühmtheit Marcel Proust war. Die ganze alte Gruppe des *Banquet* bestand aus Dreyfusards, angefangen mit Proust, Fernand Gregh, Daniel Halévy, Jacques Bizet. Diese auf dem Lycée Condorcet entstandene Gruppe blieb dann im dreyfusistischen Salon von Madame Straus zusammen. Nach der *Conque* und dem *Banquet* war ich zur *Revue Blanche* gegangen, die sich länger halten sollte und deren fleißiger Mitarbeiter ich einige Jahre lang war. Mit Ausnahme von Pierre Veber und Lucien Muhlfeld, die sich dann doch von uns gelöst hatten, bestand die gesamte *Revue Blanche* aus militanten Dreyfusards. Geleitet wurde sie von den drei Brüdern Nathanson. Der Redaktionssekretär war eine erstaunliche Persönlichkeit – ein Mann von unerschütterlichem Phlegma und von einer sarkastischen und arabesk-geschmeidigen Höflichkeit, der sich ein Gesicht wie der Onkel Jonathan aus dem englischen Kinderbuch zugelegt hatte: der Anarchist Félix Fénéon. Thadée Nathanson hatte Demange bei der Verteidigung Fénéons unterstützt, als dieser mit einem Schwarm anderer Anarchisten im »Prozeß der Dreißig« vor Gericht stand, und er war mit dem späteren Anwalt Dreyfus' in enger Verbindung geblieben. Wiederum war er gut mit Joseph Reinach bekannt und verkehrte in einigen Häusern, wo man ganz dem Urteil Reinachs folgte. Er hatte seine Brüder ohne Mühe überzeugt, und Fénéon hatte sich ohnehin seine eigene Meinung gebildet. Wir versammelten uns jeden Abend bei der *Revue.* Außer den Nathansons und Fénéon traf man dort von Anfang an Tristan Bernard, Coolus und den kleinen Kreis befreundeter Maler (denn jede Gruppe junger Schriftsteller hat ihre Maler): Vuillard, Bonnard, Roussel, Vallotton. Fast jeden Abend zur selben Stunde ging krachend die Haustür auf, und man hörte aus dem Vorzimmer die Stimme und das schallende Lachen von Octave Mirbeau. Die von Gewalt erfüllte Seele Mirbeaus, hin und her gerissen zwischen so vielen Leidenschaften, gab sich nie halb an etwas hin. Er hatte sich ganz und gar in die Schlacht gestürzt, obwohl keinerlei natürliche Nähe ihn dazu trieb, sich im Namen eines Juden zu engagieren – weil er die Aktion und das Getümmel liebte, weil er generös war und vor allem deshalb, weil er voller Erbarmen war, weil der Anblick oder die Vorstellung des Leidens (eines Menschen, eines Tieres, einer Pflanze) für seine Nerven buchstäblich unerträglich waren. Da waren wir also; man kommentierte die letzten Nachrichten des *Temps*, wie man während des Krieges Bulletins von der Front besprach, man tauschte aus, was jeder tagsüber aus der einen oder anderen Quelle erfahren hatte, den präzisen Tatsachen fügte man trügerische Gerüchte und Parolen hinzu, stolz teilte man den Namen des Politikers, des Schriftstellers, des Wissenschaftlers mit, der soeben sein Erweckungserlebnis gehabt hatte; man ärgerte sich über die allzuvorsichtigen Notablen, die immer noch zögerten, ihre private Überzeugung öffentlich zu machen. Ja, Poincaré war Dreyfusard, das war gewiß, aber wann würde er es in der Kammer verkünden? Rostand war es ebenfalls, aber wann würde es Jules Renard gelingen, ihn zu überreden, sich auf unserer Unterschriftenliste einzutragen? Hervieu war Dreyfusard, aber wann würde er die Angst überwinden, man könne seinen Namen mißbrauchen? Einen anderen Gesprächsstoff gab es nicht; alle anderen Formen des Lebens schienen stillzustehen.

Bei Tristan Bernard traf ich den Kreis der *Revue Blanche* wieder, doch erweitert, verbreitert. Er stand seit seiner Jugend – ich glaube sogar, seit seinen Gymnasialjahren – mit einer Gruppe von der École des Chartes in Verbindung, zu der auch Bernard Lazare gehörte. In dieser fanden sich zwei hochbegabte Autoren, ein Dichter und ein Prosaist: Ephraïm Mikhael und Marcel Schwob. Mikhael war in der Blüte seiner Jahre gestorben, Schwob war bereits krank, aber ihre Freunde Quillard, Collière, Hérold zählten zur ersten Marschreihe unserer Kohorte. Als man schließlich hier, dort und überall die großen öffentlichen Versammlungen abhielt, welche die Affäre vor das Volk bringen sollten, war Pierre Quillard einer der häufigsten Redner, neben Mirbeau und Jean Psichari. Marcel Collière, dessen Name vergessen ist, dem aber damals alles eine glänzende Karriere als Journalist zu prophezeien schien, war einer der glühendsten Polemiker unserer Sache. Außerdem traf man bei Tristan – fast ebensooft bei ihm wie im Hause von Lucien Guitry – die Männer, die man »die Humoristen« nannte, wenn dieses Wort auch nur auf einen von ihnen genau paßte: Alphonse Allais, Alfred Capus und Jules Renard. Capus und Renard waren einer wie der andere absolute, radikale Dreyfusards: Beide nahmen auch ständig an den kleinen Kriegsratssitzungen bei der *Revue Blanche* teil. Wer Capus erst zwanzig Jahre später kennengelernt hat, wird sich nur schwer vorstellen können, daß der liebenswürdige, lächelnde Capus jener Zeit ein vollkommen freier Geist war. Bei Jules Renard wird niemand überrascht sein, und er hat selbst ein eindeutiges Zeugnis in seinem erstaunlichen Tagebuch hinterlassen. Jules Renard gehörte sogar zu den zwei, drei Schriftstellern seiner Generation, welche über den Dreyfusismus zum Sozialismus kamen. Als Jaurès einige Jahre später die *Humanité* gründete, war Renard sogleich bereit, für sie zu schreiben – wie Mirbeau und Gustave Geffroy, und wie auch Abel Hermant und Georges Lecomte.

So ließ die Affäre den Zusammenhalt meines gewohnten Milieus fast ganz intakt. Die großen Meister waren es vor allem, die uns fehlten, die, welche wir am meisten bewundert hatten, die, um welche sich unsere Literaturgeneration geschart hatte. Von Barrès habe ich hinreichend gesprochen. Heredia, so gastfreundlich, den jungen Leuten so wohlgesinnt, er, dessen Haus immer aufs nobelste allen offenstand, hielt sich ganz fern von all dem Lärm, der ihn irritierte. Mallarmé isolierte sich und spann zwischen die Affäre und sich das schützende Netz seines Traumes. Summa summarum hatten wir nur Anatole France auf unserer Seite. Ich sah ihn nun immer wieder, meist bei ihm zu Hause in der Villa Saïd, gelegentlich bei Madame de Caillavet. Dort war alles dreyfusistisch gesinnt – die Hausherrin, ihr Sohn Gaston de Caillavet, seine unzertrennlichen Freunde Robert de Flers und Paul Grunebaum (der später der Mitarbeiter oder die Graue Eminenz von Briand wurde). Madame de Noailles erschien, so, wie eine orientalische Prinzessin ihrer Sänfte entsteigt, und erhitzte mit dem Feuer ihrer Blicke den Strom ihrer Worte. Joseph Reinach kam oft als guter Nachbar herauf; manchmal kamen Clemenceau, Jaurès und – später – Briand. Lucien Herr, der gerne die Leute brüskierte, zog Jaurès mit diesen mondänen Eskapaden auf. »Stellen Sie sich vor«, mochte Jaurès sagen, »gestern war ich zum Essen bei Madame de Caillavet, und da …« – »Was!« unterbrach ihn Herr, »Sie verkehren jetzt in der feinen Gesellschaft! Denken Sie nur daran, wie es einem gewissen Ferdinand Lassalle ergangen ist …«

Ich verbrachte fast jeden Nachmittag in der Buchhandlung Bellais, die Charles Péguy und Herr vor kurzem in der Rue Cujas eröffnet hatten – dem Hauptquartier des Dreyfusismus im Quartier Latin. Die Brüder Tharaud kamen dort gelegentlich zu Besuch, und die Buchhandlung Bellais brachte auch ihre erste Broschüre heraus – doch muß ich gestehen, daß ich mich nicht mehr erinnern kann, ob die Tharauds Dreyfusards waren oder nicht. Von ihnen und von Péguy abgesehen haben sich die Stammgäste der Rue Cujas ihren Namen nicht in der Literatur gemacht. Die Schüler der École Normale trafen sich dort mit den freien Studenten, mit den Absolventen aus den letzten Promotionsjahrgängen, mit ihren Lehrern. Ich kam dort mit Albert Thomas zusammen, auch mit Paul Langevin und Jean Perrin, die heute, nach mehr als fünfunddreißig Jahren, wieder an diesen Ausgangspunkt zurückkehren und den Kreis ihres Lebens schließen. Von der Buchhandlung Bellais sollte dann jene »Bewegung hin zum Volk« ausgehen, die ihrem Wesen nach jener der russischen Volksfreunde ähnlich war, wie sie Turgenjew beschrieb, und die das Land bald mit »Volksuniversitäten« überzog. Ernest Lavisse, der damals die École Normale leitete, war nur vor seinem eigenen Gewissen ein Dreyfusard, aber fast die ganze Lehrerschaft marschierte offen mit Lucien Herr, mit Gabriel Monod, mit Andler, mit Paul Dupuy. An der Sorbonne waren die Fakultäten überwiegend für Dreyfus gewonnen worden. Insgesamt war die Universität auf all ihren Ebenen die erste gesellschaftliche Institution, auf die der Dreyfusismus sich stützen konnte.

5

Autoren, Gelehrte, Künstler, Professoren! … Daß die »Intelligenz« sich so vom Dreyfusismus erobern ließ, erfüllte uns gewiß mit höchster Freude, aber irgendeinen entscheidenden Erfolg hatten wir damit nicht gewonnen. Was war unser Ziel? Die Aufhebung eines ungerechten Richterspruchs herbeizuführen. Nun überließ das Gesetz es aber ganz und gar der Regierung, ob sie das Verfahren einer Revision unterziehen wollte oder nicht – sie und sie allein entschied souverän, ob sogenannte »neue Fakten« hinreichend Gewicht hatten angesichts der Autorität des ergangenen Urteils. In dem Augenblick nun, da die Regierung keineswegs voll Sympathie für den Unschuldigen die Initiative ergriff, wie die politischen Berater von Mathieu Dreyfus gutgläubig angenommen hatten; in dem Augenblick, da ihr die Entscheidung nicht von einem einhelligen Konsensus, einem Aufschrei der öffentlichen Meinung diktiert wurde, wie wir es mit noch größerer Unschuld erwartet hatten – da war der Ausgang der Affäre praktisch eine Frage der parlamentarischen Majorität geworden. Der Regierungschef, Jules Méline (einst Anhänger Gambettas, einst Minister unter Ferry), hatte sich auf eine schlichte und unangreifbare Position zurückgezogen. Es gibt keine Affäre Dreyfus, wiederholte er gelassen, indem er die Schöße seines ländlichen Gehrocks eng um sich zog; ich kenne keine Affäre Dreyfus, ich will keine kennen, ich habe keine zu kennen … Würde sich eine Mehrheit finden, die ihn zum Handeln zwang? Würde es eine geben, die nach der Wahl vom Mai 1898, welche die Gewichte in der Kammer nach links verschob, seinen Nachfolger Henri Brisson entschlossen stimmen und ihn des weiteren unterstützen würde? Wie verteilten sich die Parteien und die politischen Führer zwischen Dreyfusismus und Widerstand?

Der Begriff der »Affäre Dreyfus« verbindet sich im Bewußtsein der Heutigen wie naturgemäß mit den Begriffen »Linksblock« und »Kartell«. Man stellt sich die Kammer als in zwei klar abgegrenzte Lager aufgeteilt vor: Alle Fraktionen der gemäßigten Linken und der radikalen Linken bilden eine Koalition, welche die Revision fordert, und alle Rechten sind im Widerstand vereint. Das ist ein chronologischer Irrtum. Die

Verschmelzung des Dreyfusismus mit dem, was man die demokratische Gegenoffensive nennen könnte, begann erst viel später – nach dem Selbstmord von Major Henry, nach der Untersuchung des Kassationshofs, nach dem gescheiterten Staatstreich von Reuilly, nach dem schmählichen Auftritt in Auteuil, dessen Opfer Präsident Loubet wurde. Erst dann, im Sommer 1899, brachten Waldeck-Rousseau und sein Kabinett der »Verteidigung der Republik« halbwegs eine solche Vereinigung zustande, und ganz vollzog sie sich erst drei Jahre später unter der Regierung Combes.

Zu Zeiten von Combes, ja, da hatten sich alle Dreyfusards dem republikanischen Block – radikal oder sozialistisch – angeschlossen, und umgekehrt waren alle Teile dieses Blocks mit ganz unwesentlichen Ausnahmen mehr oder weniger Dreyfusards geworden. Doch zu Beginn der Affäre, oder besser: während der menschlich-privaten, leidenschaftlichen Phase der Affäre, da sah man nichts dergleichen. Das Phänomen der großen Polarisierung war noch nicht eingetreten. Die Parteien, die politischen Clans waren ebenso gespalten und ebenso uneinheitlich zerrissen wie die Berufsstände und die Familien. Keine Gruppe in der Kammer war in dieser Hinsicht homogen. Ich darf sogar sagen, ohne irgendwie der Wahrheit Gewalt anzutun, daß der weitaus größte Teil derer, die wenig später die Basis des »Blocks der Linken« bildeten, der Revisionsforderung feindselig gegenüberstand. Das mag überraschen, aber man wird sehen, daß es genau so war. Und als dann die beiden Massen der Rechten und der Linken einander in präziser Schlachtordnung gegenübersahen, an den beiden entgegengesetzten Enden des politischen Spektrums, da war die Zusammensetzung der Parteien auch nicht mehr dieselbe. Beide hatten (zum Gewinn der jeweils anderen) verloren und umgekehrt wieder dazugewonnen – hier war ein Radikaler zum Nationalisten geworden, dort hatte sich ein Gemäßigter den Radikalen angeschlossen, und das Gesetz des Austausches lag in ebenjener menschlich-leidenschaftlichen Krise der Affäre beschlossen, in ihrem Widerhall in den Individuen. Derartige Veränderungen treten fast notwendigerweise immer dann auf, wenn eine gewaltsame Erschütterung – welcher Art sie auch sein mag – so viel Unruhe in das politische Leben trägt, daß persönliche Gewissensentscheidungen getroffen werden müssen. Selbst wenn die Parteien solide genug sind, solchen Erschütterungen zu widerstehen – und sie widerstehen ihnen nicht immer –, so hält dann doch nur der äußere Rahmen stand; der Inhalt ändert sich, die Elemente im Inneren der Partei zerfallen und setzen sich neu zusammen. Daher kommt es, daß sogar in England, auf dem klassischen Terrain der parlamentarischen Loyalität und der Parteiorganisation, so wenige Staatsmänner ihre Laufbahn in der Partei beendet haben, wo sie ihre ersten Waffengänge bestanden. Pitt begann als radikaler Whig, Palmerston und Gladstone als Konservative, Disraeli als Liberaler.

Nach den »linken« Wahlen im Mai 1898 blieb das Gros der radikalen Partei wie zuvor antidreyfusistisch. Das alte Lager der äußersten Linken hatte den Boulangismus und den Panamaskandal nicht überstanden. Der Boulangismus hatte einen Teil seiner Truppen verführt, die Panama-Affäre hatte die bekanntesten Anführer oder Verbündeten eliminiert – Clemenceau, Floquet, Freycinet. Andere hatten sich still und heimlich den moderaten Parteien angenähert, die für eine Regierungsbildung der »Kräftekonzentration« eintraten; wieder andere – wie Millerand – hatten die Zukunft an der Seite der Sozialisten gesucht. Von den alten Führungskreisen war kaum jemand mehr übrig – außer Camille Pelletan, der beste, wo nicht der liebste Adjutant Clemenceaus, und Pelletan hielt, zumindest zu jener Zeit, den Dreyfusismus für eine sehr dubiose Angelegenheit. Die neuen Männer, die auf den Überresten die neue Partei aufgebaut hatten, hießen Léon Bourgeois, Cavaignac, Paul Doumer, Berteaux. Der alte Henri Brisson, einst Links-Gambettist, hatte sich zu ihnen geschlagen, und er stand jetzt der Regierung vor, die sich nach den Maiwahlen bildete. Henri Brisson, strenger Republikaner, unbestechlicher Jurist, war seiner juristischen Skrupel wegen Dreyfusard. Ich bin überzeugt davon, daß es Léon Bourgeois ebenfalls war, und er sprach auch denen gegenüber, die ihm besonders nahestanden (etwa Georges de Porto-Riche), ganz offen davon. Doch weder Brisson noch Bourgeois wagten es, ihre politischen Freunde bloßzustellen oder die Regierung in dieser Sache zu exponieren. Andererseits steckte Cavaignac, nun zum zweiten Mal Kriegsminister, fest in den Fängen des Generalstabs. Paul Doumer[3] und Berteaux marschierten mit Cavaignac. Die populärste radikale Zeitschrift, die nächst Rocheforts *Intransigeant* die meisten Leser hatte, der *Éclair* von Alphonse Humbert, war von langer Hand für den Generalstab gewonnen; er diente diesem sogar als Sprachrohr und Werkzeug, seit Bernard Lazare seine Kampagne begonnen hatte. Die Masse der Partei war kaum weniger vom Hurrapatriotismus durchdrungen als vormals die äußerste Linke unter Clemenceau.

Im übrigen war zwar Henri Brisson der Regierungschef, Léon Bourgeois der Parteiführer, doch glaube ich, daß den größten Einfluß allemal Cavaignac hatte. Seine aufsehenerregenden Auftritte in den Panama-Debatten hatten es dem Neoradikalismus ermöglicht, sich von den diskreditierten alten Führern abzusetzen – ja sogar, sich in der schmeichelhaften Pose moralischer Sauberkeit und unerbittlicher Strenge angesichts der kapitalistischen Korruption zu präsentieren. Andererseits hatte Cavaignac seinen politischen Freunden die attraktive Idee geliefert, mit welcher der Wahlsieg 1898 errungen wurde: den Kampf gegen die fiskalische Ungleichheit, die Einführung der Einkommensteuer. Die wirklich repräsentative Persönlichkeit der Radikalen Partei dieser Epoche ist auf jeden Fall Cavaignac. Auch die Masse des Parteifußvolks folgte ihm. Sie klatschte im Juli der berühmten Rede Beifall, in der Cavaignac behauptete, der Kammer den Beweis, den klaren und definitiven Beweis für die Schuld von Dreyfus zu liefern. Sie stimmte für das Nichtbefassungsgesetz, das sich Charles Dupuy ausgedacht hatte, um die Untersuchung durch die Kriminalkammer des Kassationshofes abzuwürgen. Weit davon entfernt, sich um Waldeck-Rousseau zu scharen, wie es die heute kursierende Legende will, spaltete sie sich und hätte durch diese Spaltung beinahe gleich zu Anfang die Regierung der »Verteidigung der Republik« stürzen lassen. Gewiß gab es bei den Radikalen durchaus auch Dreyfusards der ersten Stunde, militante Dreyfusanhän-

3 Man hat mich zu Recht darauf aufmerksam gemacht, daß Paul Doumer zwar bei der Neuordnung der Radikalen Partei die von mir geschilderte Rolle gespielt hat, daß er aber von Méline zum Generalgouverneur von Indochina ernannt worden war und die erregte Zeit der Affäre außerhalb Frankreichs verbrachte.

ger, aber das waren nicht viele. Wenn ich versuche, mir ihre Namen ins Gedächtnis zu rufen, fallen mir als erste Delcassé und Gaston Doumergue ein.

*

Mit dem Beginn des Jahres 1898 hatte die Affäre ihre Wirkung bei den Parteien und den politischen Gruppierungen ebenso wie in den anderen gesellschaftlichen Bereichen getan: Sie hatte die bestehenden Verbindungen und Allianzen aufgelöst, und jetzt bildete sie nach ihren eigenen Gesetzmäßigkeiten neue Körperschaften heraus, die den vorigen bloß der Form und der Farbe nach ähnelten. Diese Wirkung übte sie um so rascher aus, als die ohnehin schon lockeren Organisationen höchst geringe Konsistenz besaßen. Ich habe von der Radikalen Partei gesprochen, die Léon Bourgeois und Cavaignac erneuert hatten: Diese »Partei« hatte weder ein Programm noch eine Ordnung, weder Disziplin noch klare Abgrenzungen. Und die »Partei« der Gemäßigten, die mit Méline an die Macht kam, war in nichts solider oder homogener. Sie berief sich gleichzeitig auf Gambetta und Ferry, aber die Traditionen, für welche Gambetta und Ferry standen – die man heute immer zusammenwirft, und das sehr zu Unrecht –, waren tatsächlich sehr verschieden. Nach dem Tod oder dem Sturz dieser beiden Führer war der größte Teil des Fußvolks zur Mitte getrieben worden, aus Groll und Ablehnung gegenüber der äußersten Linken um Clemenceau. »Liberale« vom Typ Dufaure (wie Ribot) oder vom Typ Jules Simon (wie Aynard) konnten sich deshalb den Radikalen anschließen. Seit drei, vier Jahren hatten überdies die Politik Papst Leos XIII. und der »neue Geist«, der dieser entsprach, dazu geführt, daß die Reihen dieser Radikalen durch ein stetig wachsendes Kontingent von Konservativen vermehrt wurden, die sich nun der Republik zugewandt hatten. In diesem aus verschiedenen Elementen zusammengestückten Milieu fanden die Dreyfusards sogleich die meisten offenen Parteigänger und vor allem die meisten geheimen (oder doch diskreten) Verbündeten.

Félix Faure, der Präsident der Republik, arbeitete im Grund der Revision entgegen. Diese seine Strategie war schließlich so offen und deutlich, daß die dreyfusistische Kampfpresse ihn zur Zielscheibe nahm. Sie unterstellte ihm unehrenhafte Motive und bezichtigte ihn, den Erpressungen der *Libre Parole* und des *Intransigeant* nachzugeben, die sich bereithielten, das Geheimdossier einer bitteren Familiengeschichte öffentlich preiszugeben. Umgekehrt war Faures unmittelbarer Vorgänger Casimir-Périer ein Dreyfusard. Er hatte nur sechs Monate lang im Elysée residiert; der Prozeß von 1894 fiel in dieses halbe Jahr. Man erzählte, von dieser Zeit an habe er an die Unschuld geglaubt; man behauptete sogar, daß die Verurteilung Dreyfus' eine Rolle bei seinem Rücktritt gespielt habe, dessen Gründe unklar geblieben waren. Wenn man hoffnungsvoll die große Regierungsbildung für die Revision plante, war Casimir-Périer Regierungschef oder aber Kriegsminister; man wies ihm die Rolle zu, die später dann General Galliffet übernahm: die Armee dazu zu bringen, daß sie die Revision akzeptierte. Charles Dupuy, der glückreichste unter den politischen Abenteurern dieser Ära, derjenige, der die steilste Karriere machte und die kürzeste, setzte auf eine antidreyfusistische Position, aber Waldeck-Rousseau ging mit den Dreyfusards und verbarg es nicht. Waldeck war der bevorzugte Mitarbeiter Gambettas gewesen, der wichtigste Ferrys. Er gehörte zu jener Fraktion der alten »Opportunisten«, die sich unter den Attacken der Radikalen der Mitte angenähert hatten; Adrien Hébrard und Trarieux zählten ebenfalls dazu und waren Dreyfusards wie er. Ranc, der die gambettistische Linke repräsentierte, war ein Dreyfusard der ersten Stunde, ebenso Thomson. Es war Ranc, ein alter Journalist des scharfen, ein wenig verächtlichen Stils, der zusammen mit Cornely in den großen Blättern die Kampagne für Dreyfus hauptsächlich unterstützte. Ribot äußerte sich nicht, da er ehrgeizig und listig war, aber Aynard genierte sich keineswegs, seine Meinung zu sagen.

Was die jungen Anführer der Gemäßigten betraf, jene, welchen die nun in unseren Tagen nachgerückte Generation dreißig Jahre lang kaum ein Stück von ihrer Macht nehmen konnte und die man damals schon im Vorgriff die »Republikaner der Regierung« nannte – Poincaré, Barthou, Jonnart, Georges Leygues –, so wußten wir, daß sie alle für Dreyfus waren. Jedesmal, wenn als Reaktion auf irgendeine Maßnahme der

Regierung die Affäre in den Debatten des Parlaments zum Thema wurde, sagten wir zueinander: »Diesmal spricht Poincaré ...« Doch Poincaré brach sein Schweigen erst, nachdem er uns lange Zeit enttäuscht hatte. Er »befreite sein Gewissen« endlich, als die fatale Logik des Widerstandes den Generalstab dazu brachte, Picquart anzugreifen und ihn als Fälscher zu verfolgen. Barthou zeigte sich zurückhaltender – und noch tollkühner. Als die Kammer im Herbst 1898 zur ersten Sitzung zusammentrat, nach dem Selbstmord von Major Henry, nach der Entscheidung der Regierung Brisson, die das Wiederaufnahmeverfahren einleitete – da stürzte Barthou die Regierung gleich in dieser ersten Sitzung. Er nützte die Erregung aus, die der berühmte »Chanoine-Coup« ausgelöst hatte – das heißt: der Rücktritt, den der Kriegsminister Chanoine, der Nachfolger Cavaignacs und des Generals Zurlinden, von der Tribüne der Kammer aus verkündet hatte. Der Sturz Brissons kostete die Sache der Dreyfusards lange Monate, und er hätte sie endgültig scheitern lassen können. Es war Barthou durchaus nicht angenehm, wenn man ihn später an diese Episode erinnerte. Er war vor allem anderen ein Parlamentsstratege: Er hatte dem großen Augenblick der taktischen Gelegenheit nicht widerstehen können, der Lust am Manöver.

Solange sich die Regierung Méline an der Macht hielt, war die Rechte fester Bestandteil ihrer Mehrheit gewesen. Vielleicht hing mit dieser Notwendigkeit, sich auf die Rechte zu stützen, die Haltung zusammen, die der alte Opportunist einnahm, dessen private Meinung feststand. Die Rechte umfaßte zunächst alle jene Mitglieder der alten Parteien, Royalisten und Bonapartisten, die sich trotz der Veränderungen der jüngsten Vergangenheit, der Politik Leos XIII., des Scheiterns von Boulanger, noch nicht der Republik zugewandt hatten, ferner den größten Teil der republikanisch gewordenen Konservativen, drittens eine nicht unbedeutende Fraktion alter Boulangisten. Die Lage der Royalisten und Bonapartisten war insofern kurios, als sie *en masse* höchst aggressive Antidreyfusards waren, während doch ihre natürlichen Führer, die Mitglieder der königlichen und kaiserlichen Familien, an der Unschuld Dreyfus' nicht zweifelten. Kaiserin Eugénie beispielsweise war eine überzeugte und entschiedene Dreyfusarde. Das war kein bloßes Gerücht wie so manche anderen erstaunlichen Bekehrungen zur guten Sache, die in den Beratungen bei der *Revue Blanche* oder in der Buchhandlung Bellais kolportiert wurden. Der Dreyfusismus der Kaiserin wurde uns damals von Joseph Primoli bestätigt, und heute ist die Tatsache ja allgemein bekannt. Ich weiß nicht, auf welchem Wege sich dieselbe Nachricht mit Bezug auf den Herzog von Aumale verbreitet hatte. Es sollte einen gar nicht erstaunen, daß der Dreyfusismus Anhänger und Bürgen unter den Angehörigen der alten regierenden Dynastien gefunden hatte. Im Gegenteil: Nichts war natürlicher. Alle Höfe Europas waren dreyfusistisch gesinnt. Die Informationen, die aus Berlin und Rom kamen, hatten sich in allen Herrscherfamilien verbreitet, die durch ihren eigenen Ehrenkodex verbunden waren und außerdem durch vielfältigste Verwandtschaftsbeziehungen. Ebendies war das Milieu der Orléans und Bonapartes, vor allem derer im Exil; sie waren von dieser herrschenden Meinung umgeben und gewonnen worden. Und diese Meinung der europäischen Höfe sollte bald die Meinung ganz Europas sein. Doch wenn auch die Fürsten sich ihr beugten, die Masse der getreuen Anhänger dieser Fürsten blieb resistent und hätte nur mit Mißtrauen reagiert. Die Kaiserin war für Dreyfus, der Herzog von Aumale war es, der Papst und die höchsten Würdenträger der katholischen Kirche waren es vielleicht auch – nein, waren es ohne Zweifel. Auf französischem Boden aber glaubten Royalisten, Kaiserliche, Klerikale an den großen Verrat und beschimpften die Komplizen des Verräters. Die antisemitische und boulangistische Gärung durchdrang die reaktionäre Masse. Die Liebe zum Militär, die Verteidigung der geschmähten Armee – das waren die Ideen, um die man sich sammelte. Landadel, niedere Geistlichkeit, staatsfromme Bourgeoisie marschierten zusammen. In der Kammer machten hier nur ganz vereinzelte Fälle von Gewissensentscheid die Ausnahme, etwa der von Denys Cochin und auch (wie es hieß) der von Paul de Cassagnac. Nach der Veröffentlichung des *J'Accuse* waren es der empörte Aufstand der Rechten und die Intervention von Graf Albert de Mun, den seine Freunde auf die Tribüne schoben, welche die Verfahren gegen Zola auslösten.

*

Was nun die Sozialisten angeht, die ich mir bis zum Schluß aufgehoben habe, so lag ihre Einheit noch in ferner Zukunft, und der Versuch, den Jaurès zugunsten Dreyfus' gemacht hatte, war zum Scheitern bestimmt. Vier nationale Organisationen rivalisierten miteinander: Vaillant, Allmane, Brousse und Jules Guesde hatten jeder eine eigene Partei. In der Kammer richtete sich eine fünfte Gruppe, die der Unabhängigen, nach Jaurès, Millerand, Viviani. Und Jaurès, das darf man nicht vergessen, wurde im Mai 1898 in seinem Wahlkreis Carmaux geschlagen. Die Sozialistenführer, die sich mit größter Entschiedenheit hinter ihn stellten, waren Rouanet, Marcel Sembat (ein Adjutant Vaillants) und Allemane. Aber auch in diesem Punkt muß man ein Fehlurteil tilgen, das schon fast die Macht einer Legende gewonnen hat. Man hört es immer wieder: Jaurès und seine Freunde waren Dreyfusards, Guesde und Vaillant waren es nicht – und in diesem Unterschied sucht man dann einen der Gründe für den Antagonismus. Die Wahrheit ist ganz anders. Vaillant war Dreyfusard, und Guesde hatte noch weniger als Vaillant irgendeinen Zweifel an Dreyfus' Unschuld. Keiner von beiden stand im geringsten Verdacht, angesichts der antisemitischen, boulangistischen, nationalistischen Elemente des Widerstands gegen die Revision, ein Auge zuzudrücken. Daß ihre Meinung von der Jaurès' abwich, ist ganz allein im Hinblick auf die allgemeine sozialistische Strategie zu sehen. Sie befürchteten, daß Jaurès, ganz und gar mit der Aufgabe beschäftigt, der er sich verschrieben hatte, und von dieser Aufgabe wie erleuchtet, die Masse der militanten Arbeiter mit sich ziehen und so die ganze Propaganda der Bewegung auf eine Unternehmung konzentrieren und in ihr erschöpfen könnte, deren Bedeutung und Großartigkeit sie keineswegs verkannten, die aber eben doch nicht die eigentliche und besondere Aufgabe des Sozialismus war. Sie stellten sich gegen einen Nebenweg, der zu einer Ablenkung vom Ziel führen mochte, und sie fragten sich überdies, ob der Sozialismus bei einem rückhaltlosen Engagement im dreyfusistischen Kampf – wo er sich nicht alleine schlug, wo die permanenten Klassenfeinde seine Augenblicksalliierten wurden – nicht seine zukünftigen Kämpfe durch belastende Verbindungen und gefährliche Angewohnheiten kompromittierte. Jaurès hörte sich diese Befürchtungen mit enthusiastischem und gelegentlich ärgerlichem Optimismus an. Sie schockierten ihn wie ein Angriff auf das humanistische Ideal des Sozialismus und wie eine Art Beleidigung der Arbeitermassen. Wenn der Sozialismus sich aus diesem Kampf heraushielte oder sich in ihm auch nur mäßigte, dann veränderte er sein Wesen und schrumpfte ein – und umgekehrt: Wenn er den Sieg, der bald über die Ungerechtigkeit davongetragen würde, zu dem seinen machen konnte, ihm ganz den eigenen Stempel aufdrückte – welche Anziehungs- und Strahlkraft gewann er dann, welche Zukunftskräfte erschlossen sich ihm! Tatsächlich wurde Jaurès' Optimismus durch die Geschehnisse nur zum Teil bestätigt. Seine Kampagne trug dem Sozialismus neue moralische Größe ein, sie war ruhmreich, aber am Ende löste sie nicht den immensen Zuwachs an sozialistischer Überzeugung aus, auf den er gezählt hatte. Die Gelegenheitssozialisten der Affäre machten im allgemeinen nur kurz in der Partei halt. Die Mode hatte sie ihr geschenkt, wie Jaurès später selbst sagen sollte, die Mode nahm sie ihr wieder. Es gab, wohlverstanden, Ausnahmen von dieser Regel; allein die von Pressensé hätte hingereicht.

Jaurès stand zwar gewiß nicht alleine da oder war isoliert, doch fand er in den politischen Gruppierungen, als deren Führer ihn die Öffentlichkeit sah, bei weitem keine völlige und einstimmige Unterstützung. Das ließ ihn nicht schwankend werden. Ihn trafen übrigens viel weniger die Zurückhaltung und die uneigennützigen Befürchtungen von Guesde oder Vaillant als der Abfall seiner nächsten Gefährten, jener Unabhängigen im Parlament, die wie er keiner nationalen Organisation angehörten. Auf dieser Seite war man nicht wegen des »allzuspeziellen Charakters der Propaganda« besorgt, sondern wegen der unmittelbaren Reaktionen der Öffentlichkeit, wegen der parlamentarischen Mehrheit, wegen der vermuteten Stimmung des Wahlvolkes. In dem Maße, in dem sich die Affäre mit ihren Umschwüngen und Wechselfällen hinzog, galt Jaurès dort schließlich als ungeschickt, peinlich, kompromittierend. Er setzte nicht nur sich selbst aufs Spiel – indem er das Nationalgefühl reizte, lenkte er dessen Zorn, wie 's gerade kam, gegen all die Männer, deren Namen immer mit dem seinen zusammen genannt wurden. Er machte die Sozialisten unbeliebt. Hier, und nicht bei Guesde und Vaillant, fand man am Ende wirklich eigennützige Berechnung. Millerand und Viviani hielten sich aus allen Debatten über die Affäre heraus. Sie blieben stumm auf ihren Bänken, als Cavaignac seine Rede gehalten hatte; sie stimmten wie alle anderen für den öffentlichen Anschlag der Rede in ganz Frankreich. In der *Petite République*, in eben der Zeitschrift, wo Jaurès schrieb, veröffentlichte Millerand einen Leitartikel, der eine klare Grenze zog und zu verstehen gab: »Jetzt ist es genug. Die Affäre ist zu Ende – zu Ende für uns.«[4]

Diese Stunden waren grausam für Jaurès. Eines Abends schaute er bei mir vorbei, auf dem Heimweg vom Parlament, wo er inzwischen nur noch die Galerie für die ehemaligen Abgeordneten aufsuchte, und er erzählte mir, daß einige Genossen der sozialistischen Fraktion ihn umringt und mit sich Richtung Champs-Elysées gezogen hatten. Einer, der schon gestorben ist und den ich nicht nennen werde, hatte ihn beiseite genommen und fast beschimpft: »Also, Jaurès, soll das noch lange so weitergehen mit Ihnen? Begreifen Sie denn nicht, daß Sie uns alle ruinieren, daß unsere Wähler uns mit Ihnen in einen Topf werfen …« Jaurès hatte ihm erwidert: »Ihre Wähler werden bald die Wahrheit wissen, und was sie Ihnen dann vorwerfen werden, ist Ihre eigene Laschheit, Ihre eigene Feigheit. Und am Ende werden Sie zu mir kommen, damit ich in Ihren Wahlkreisen ein gutes Wort für Sie einlege.« Und er fügte mit seinem breiten Lächeln hinzu: »Ich kenne mich ja, ich werde dann auch hingehen …«

4 Hier hat sich meine Erinnerung getäuscht, worauf ich von verschiedener Seite aufmerksam gemacht geworden bin, insbesondere von Alexandre Zévaès, der damals zum intimen Kreis von Jules Guesde zählte, und von Monsieur Lejeune, dem einstigen Redaktionssekretär der *Petite République*. Der Artikel von Millerand, geschrieben am Tag nach der Rede Cavaignacs, in dem er wörtlich erklärt, diese Rede habe »das öffentliche Bewußtsein erleichtert« und er seinerseits »hielte es nun für seine Pflicht, über dieses schmerzhafte und ärgerliche Thema Schweigen zu bewahren«, erschien nicht in der *Petite République*, welche Millerand ein Jahr zuvor verlassen hatte, sondern in der *Lanterne* (9. Juli 1898).

6

Ich habe nun wieder von Cavaignacs Rede gesprochen. Sie ist eine jener Episoden oder besser einer jener Augenblicke, auf die ich zurückkommen muß, ehe ich diese Mitteilungen beende. Ich habe es schon gesagt, und ich wiederhole: Ich versuche nicht, die Geschichte der Affäre zu schreiben oder auch nur zu umreißen. Gegen einen solchen Ehrgeiz verwahre ich mich hier noch einmal, und ich habe ja auch als entscheidende Vorsichtsmaßnahme wider mich selbst den Entschluß gefaßt, nirgendwo nachzuschlagen als in meinen eigenen Erinnerungen, und dieses Versprechen habe ich mir gehalten. Ich lasse die Vergangenheit spontan in meinem Gedächtnis auferstehen, meine einzige Anstrengung ist dabei, die Asche durch jene Gefühle wieder zu erhitzen, die ich immer noch in mir glühen fühle. Es ist mir so viel daran gelegen, daß man spürt und – wenn möglich – begreift, was der Dreyfusismus für die ersten Dreyfusards war! Ich habe unsere Erwartungen geschildert – all ihren Eifer, ihren Enthusiasmus, ihre Naivität; unsere Entgeisterung angesichts des Widerstands, der mit einem Male vor uns aus der Erde wuchs und dessen Ursprünge wir erst nach und nach erkannten. Ich habe gezeigt, wie wir wider Willen, ja fast ahnungslos plötzlich in einen Kampf verwickelt waren, der alles um uns her voneinander trennte, miteinander vermengte, neu ordnete. Ich will nun zur Vollendung meines Vorhabens nur noch jene Stunden des Kampfes heraufbeschwören, die auf mich die stärkste Wirkung ausübten. Und ich merke nun, daß dies die fürchterlichsten waren – ja, jene waren es, die mich nach so vielen Jahren immer noch erzittern lassen, jene, da meine engsten Freunde und ich glaubten, der Widerstand gegen die Revision habe ein für alle Mal gesiegt, es sei alles vorbei, alles verloren … Diese Niedergeschlagenheit, die das ganze Leben anzuhalten, die Welt mit einem Fluch zu belegen schien, haben wir zweimal erlebt: nach der Rede Cavaignacs und sechs Monate zuvor, nach dem Freispruch für Esterhazy.

Man muß sich die Lage klarmachen. Die dreyfusistische Presse hatte, nachdem sie die negativen Gründe für Dreyfus' Unschuld ausgesprochen oder angedeutet hatte, ungern, aber schließlich doch den positiven

Beweis geliefert: Sie hatte Esterhazy angeklagt. Die Regierung Méline und der Generalstab antworteten sogleich mit einer deutlichen Maßnahme. Man eröffnete eine Untersuchung gegen Esterhazy und zog das Verfahren an ein Kriegsgericht. Von diesem Augenblick an hatte sich die juristische Position umgekehrt. Das Revisionsverfahren für jenes Urteil, das Dreyfus getroffen hatte, hing nun vom Spruch des Kriegsgerichts ab, das über Esterhazy zu befinden hatte. Falls der »Ulan« schuldig gesprochen werden sollte, schuldig desselben Verbrechens, dessentwegen Dreyfus verurteilt worden war, dann ergäbe sich in der Tat das »neue Faktum«, welche das Recht fordert, bereits aus dem Widerspruch zwischen den beiden Verfahrensergebnissen. Die Revision war dann erforderlich – sie mußte automatisch eintreten. Aber wenn Esterhazy freigesprochen würde? Ach, dann war Dreyfus zum zweiten Male verurteilt! Ein zweites abgeschlossenes Verfahren stellte sich dem Wiederaufnahmebegehren in den Weg. Wir hatten darauf bestanden, daß Dreyfus unschuldig war, weil Esterhazy schuldig war, daß Dreyfus die notorische Liste nicht geschrieben haben konnte, weil die Liste das Werk Esterhazys war. Eine Entscheidung der souveränen Justiz verkündete im Gegenteil die Unschuld Esterhazys, und das bedeutete: die Schuld von Dreyfus; Esterhazy habe die Liste nicht geschrieben, und das bedeutete: Sie war Dreyfus' Werk. Wie sollte man hiernach noch die gelehrte Trägheit Mélines vom Fleck bringen, der hartnäckig wiederholte: »Es gibt keine Affäre Dreyfus«? Für die Juristen wurde seine Haltung damit unanfechtbar. Wie sollten wir die öffentliche Meinung nun noch auf unsere Seite bringen, nachdem ein zweites Kriegsgericht, dieselbe Anzahl französischer Offiziere umfassend, in voller Kenntnis der Tatsachen entscheidend, den Spruch des ersten bestätigt und quasi wiederholt hatte?

Wir begriffen wohl, daß der Generalstab hier zum entscheidenden Schlag ausholen wollte und alles auf eine Karte setzte. Aber es wäre uns niemals auch nur eine Sekunde lang in den Sinn gekommen, daß ein Freispruch Esterhazys möglich wäre. Versteht sich, über Esterhazy würde unter Ausschluß der Öffentlichkeit gerichtet werden, wie vor vier Jahren über Dreyfus. Aber diesmal war die Öffentlichkeit aufgerüttelt, die Kritik war wachsam; die Richter waren vorgewarnt und würden sich nicht wieder überraschen oder übertölpeln lassen wie die Richter, die Dreyfus verurteilt hatten. Die Schriftproben würden vorliegen, sie würden von neuen Sachverständigen analysiert werden und das Gericht unmittelbar überzeugen. Der Rohrpostbrief würde auf dem Tisch liegen. Vor allem aber würde Picquart anwesend sein, denn es war undenkbar, daß man sich um seine Aussage herumdrücken wollte, und tatsächlich war er ja aus seinem Exil zurückgerufen worden. Picquart würde da sein, endlich von seiner Schweigepflicht entbunden; er würde frei, von Angesicht zu Angesicht, mit den Militärrichtern sprechen, seinen Kameraden, und er würde die Wahrheit enthüllen. Wir freuten uns im stillen, daß die Entscheidung Mélines und des Generalstabs auf so simple Weise genau zu dem Ergebnis führen mußte, um dessentwillen wir uns vergeblich abgemüht hatten: Picquart ins Zentrum der Affäre zu stellen. Manche von uns, die Unbelehrbaren, schlossen mit strengem Ton: »Nun sehen Sie es … Warum das ganze Geschrei gegen Méline, warum hat man immer über die Armeeführung hergezogen? Die wissen genau, daß Esterhazy jetzt verurteilt wird, und ebendieses Urteil wollen sie auch haben. Sie haben einen Umweg gewählt, um die Revision in aller Stille einzuleiten, vielleicht war das auch der beste Weg …« Ja, in einem solchen Hoffnungszauber gefielen wir uns. Der Freispruch für Esterhazy, einstimmig, ohne Diskussion, fiel wie ein Keulenschlag auf uns nieder.

Was sollte aus uns werden, was sollten wir tun? Die Unschuld Esterhazys war gerichtlich anerkannt, das Zeugnis Picquarts entwertet. Die Revision wurde unmöglich. Alle Versuche rannten von nun an gegen ein geschlossenes, vollständiges, vollkommenes System des Widerstands an. Wir standen da – niedergeschlagen, verzweifelt, vor den Scherben unseres Werks, das uns in den Händen zerbrochen war. Es war einer jener Augenblicke, wo einen aller Glaube verläßt, wo man sich in einer auf ewig feindseligen Welt alleingelassen und verloren sieht, wo das ganze Universum sich zu entvölkern, zu entleeren scheint. Wie alle Menschen habe ich in meinem Leben eine Anzahl solcher Stunden erlebt. Es gibt für mich einen Satz, der diese Ödnis der Verlassenheit ausdrückt, und er kommt mir mechanisch jedesmal wieder in den Sinn, wenn sich ein klaffender Abstand zwischen der Wirklichkeit und den Konstruktionen des Denkens und Träumens auftut. Diese Worte haben ihren Wert gewiß nur für mich, aber ich setze sie trotzdem hierher. Es handelt sich um einen Satz aus *Krieg und Frieden*, den ich als Halbwüchsiger in der alten Hachette-Übersetzung gelesen hatte: »Alles war so seltsam, so ganz anders, als ich gehofft hatte …«

*

Ich steckte in der tiefsten Tiefe dieser Niedergeschlagenheit, als sich mit einem Schlag alles veränderte. Jenes Widerstandssystem – geschlossen, vollständig, vollkommen – war durch eine Explosion eingestürzt. Eine energische Faust hatte die Fenster der verriegelten Kammer zerbrochen, in der man die Revision zum Erstickungstod verdammt hatte. Die *Aurore* hatte Zolas *J'Accuse* veröffentlicht. Ich wohnte damals in einer Erdgeschoßwohnung der Rue du Luxembourg, an der Achse der Platanenallee, die sich zur Rue d'Assas hin öffnet. An der Ecke des Parkgitters hatte ein Zeitungsverkäufer seine Bretterbude, Papa Granet. Ich hatte bis dahin nicht geahnt, daß mein Zeitungsverkäufer (ebenso wie mein Zahnarzt) Dreyfusard war, aber ich weiß noch genau, wie mich an jenem Wintermorgen der alte Granet weckte, indem er an meinen Fensterladen hämmerte und rief: »Schnell, Monsieur, lesen Sie das … Ein Artikel von Zola in der *Aurore* …« Ich öffnete hastig mein Fenster und nahm aus den Händen des alten Granet die Zeitung entgegen, die er mir hinhielt. Während des Lesens schien es mir, als belebe mich ein stärkender, heilender Trank; ich spürte, wie Vertrauen und Mut wieder in mir aufstiegen. Also! Es war nicht alles vorbei! Die Niederlage, die wir hatten hinnehmen müssen, war nicht endgültig, man konnte noch kämpfen, man konnte noch siegen. Würde der Widerstand den massiven Hieb überleben, den Zola ihm versetzt hatte?

In Form eines furchtbaren Fragebogens, der nichts beschönigte, der endlich alle Fakten und Personen beim Namen nannte, enthielt der *J'Accuse*-Artikel den gesamten in sich zusammenhängenden Beweisapparat des Dreyfusismus – all das, was nur Stückchen um Stückchen herauszurücken, Tropfen für Tropfen zu destillieren uns Barrés so sehr zum Vorwurf gemacht hatte. Wie könnte die öffentliche Meinung vor diesen Beweisen nicht nachgeben? Wie könnte sie von der ruhigen, großartigen Tapferkeit, mit welcher der Autor des *J'Accuse* sie vortrug, nicht bewegt und besiegt werden? Ich habe dieses *J'Accuse* seit vielen Jahren nicht mehr gelesen. Ich weiß aber, daß diese paar Seiten im eigentlichen Sinne des Wortes ein Meisterwerk sind. Ein Zeitungsartikel kann ein Meisterwerk sein; eine Seite Prosa kann dies ebensogut wie ein kurzes Gedicht sein, der Raum, den ein Text einnimmt, tut ebensowenig etwas zur Sache wie die Zeit. Es gibt eine dreyfusistische Literatur, und von dieser werden einige Meisterwerke fortdauern. Das *J'Accuse* zählt dazu, zusammen mit Anatole France's *Monsieur Bergeret à Paris* und der Grabrede auf Zola, mit dem Tagebuch von Jules Renard, mit jenem Kapitel bei Proust, wo Swann auf dem Fest der Herzogin von Guermantes auftaucht, mit dem erstaunlichen *Jean Barois*, wo die ganze dreyfusistische Atmosphäre, der Geist des Dreyfusismus wiedergegeben werden – und zwar ohne jede direkte Berührung (Roger Martin du Gard war noch zu jung), nur durch künstlerische Intuition: Denn die Kunst, hierin mächtiger als die Wissenschaft, erschafft das Leben nach.

Denke ich darüber nach, so frage ich mich, ob man dem Zola der Affäre wirklich schon Gerechtigkeit hat widerfahren lassen. Ich weiß, da ist die Grabrede von Anatole France, aber hat man außerhalb Frankreichs wirklich verspürt, wirklich oft genug betont, daß die Tat Zolas die eines Helden war? Man muß in Betracht ziehen, daß Zola nicht mehr jung war, daß er den Gipfelpunkt einer von gewaltsamen Erschütterungen erfüllten Karriere erreicht hatte, in welcher Risiko, Unternehmungsgeist, Herausforderung die treibenden Kräfte waren. Mit vorsätzlicher Auflehnung, kalt und methodisch, hatte er alle Formen der Konvention attackiert: die Spielregeln, die Sitten, den Geschmack, das Schamgefühl. Jedes einzelne seiner Romanwerke, jede einzelne seiner Kampagnen als Kritiker war eine Feldschlacht gewesen. Mit der Kraft der Verbissenheit und des »Temperaments«, wie er selbst sagte, hatte er am Ende alle Hindernisse umgeworfen. Er hatte das Publikum erobert, das Glück, den europäischen Ruhm, die höchsten Ehrungen (an denen ihm nichts gelegen war, von denen er aber aus Prinzip und *par point d'honneur* meinte, sie stünden ihm zu). Nur noch der Sessel in der Akademie fehlte ihm, doch das war lediglich eine Frage von ein wenig Geduld. Er hatte sich in seinem Sieg häuslich eingerichtet, er genoß ihn, nicht ohne ein wenig bourgeoise Genugtuung, die ihm mit der behaglichen Ruhe zugewachsen war, »nun er sein Glück gemacht«. Und jetzt setzte er mit einem Mal alles aufs Spiel, was er als Lohn vierzigjähriger Arbeit erworben hatte, er stürzte sich rücksichtslos in einen Kampf, der schärfer und gefährlicher war als alle bisherigen, nun lieferte er sich erneut allem Haß, allen Schmähungen aus! All dies, ohne daß seine Person, seine Meinung, sein Beruf irgendwie involviert gewesen wären, ohne irgendeine Aussicht auf Belohnung oder Ruhm (wie man schändlicherweise angenommen hat – mein Gott! Die Welt hatte wahrhaftig schon genug Aufhebens von seinem Namen gemacht!), sondern aus dem noch nicht erschöpften Bedürfnis nach Auflehnung, aus einer Art körperlicher Unfähigkeit, die Lüge und das Unrecht zu ertragen. Daß er sich selbst auslieferte, ist keine Metapher – er gab tatsächlich seine Person preis. Er gab sie preis dem Attentat, der Gefängnishaft, dem Exil. Je länger ich es erwäge und bedenke, desto mehr bewundere ich den Zola der Affäre. Aber damals hatte die Gewalt der Politik alle Maßstäbe verschoben. Für die Dreyfusards war Zola weniger ein Held als ein unerwarteter und unschätzbarer Verbündeter. Für die Gegner war er ein Kanake, ein halbverrückter Perversling, ein gekaufter Agent des jüdischen Syndikats. Beide Seiten begriffen in ihrer Leidenschaft seine Größe nicht.

Ich hatte mich bei meiner Morgenlektüre nicht getäuscht, Papa Granet hatte sich nicht geirrt. Das *J'Accuse* stellte innerhalb eines Tages ganz Paris auf den Kopf. »Die Hoffnung wechselt die Seite, der Kampf wechselt das Gesicht.« Der Dreyfusismus lebte auf. Wir fühlten, wie das Selbstvertrauen uns wieder zuströmte, wie es in uns anstieg, während die Gegner durch ihre Wut zeigten, wie sehr der Hieb gewirkt hatte. Glückliche Wut, die zur Strafverfolgung Zolas und zum Prozeß führte! Der alte Méline, der bei seiner höchst wirksamen Taktik blieb, wollte, versteht sich, kein Verfahren anstrengen. Er begriff sehr wohl die – sogleich erkennbare – Absicht Zolas. Das *J'Accuse* war eine Summierung der Beweise, ein Angriff auf die Schuldigen, ein lauter, durchdringender Hilferuf, und gleichzeitig war es eine Herausforderung, eine kalkulierte Provokation, um genau jenes Verfahren zu erzwingen, um den öffentlichen Prozeß (gewaltsam) zu eröffnen, der den geheimen Freispruch Esterhazys annullieren sollte. Weder Méline noch, glaube ich, der Generalstab waren geneigt, in diese Schlinge zu treten. Die Ausgabe der *Aurore* hatte einen ungeheuerlichen Lärm ausgelöst, ein Sturm durchtobte wieder die öffentliche Meinung – nun gut, aber die Klugheit riet, nicht weiter darauf einzugehen und all dies schlicht zu ignorieren. Nach einigen Wochen würde der Lärm der Agitation schon wieder verhallen. Zola würde sich in der lächerlichen Rolle eines Mannes wiederfinden, der mit aller Gewalt vor den Richter will, den eine verachtungsvolle Justiz aber friedlich zu Hause sitzen läßt. Dem schwächer werdenden Geschrei der dreyfusistischen Polemik würde die Regierung mit größerer Gelassenheit denn je erwidern: »Es gibt keine Affäre Dreyfus. Dreyfus ist von seinen Kameraden verurteilt worden. Dann haben Sie behauptet, dies sei zu Unrecht geschehen – er habe für das Verbrechen eines anderen büßen müssen. Gut, ich bin Ihnen aus freien Stücken entgegengekommen, ich habe diesen anderen vor Gericht gebracht, und seine Kameraden haben ihn freigesprochen. Zwei abgeschlossene Gerichtsverfahren haben zum selben Ergebnis geführt. Meine Rolle ist ausgespielt. Sie werden mir nicht die geringste Reaktion mehr entlocken.«

Und wenn Méline und der Generalstab sich in dieser unangreifbaren Argumentation verschanzt hätten, wenn sie sich jeder Berührung, jeder Konfrontation entzogen hätten, dann hätte sich gewiß das heldenhafte Abenteuer Zolas am Ende in Erschöpfung und Ermattung verschlissen. Aber der alte Méline, mochte er auch klug sein wie Nestor, mußte dem rachsüchtigen Zorn der Boulangisten und der Rechten nachgeben, die sich bereits als die Herren fühlten. Die Kammer forderte ihn zu einer Stellungnahme auf, der Aufruhr in der Sitzung riß seine klugen Berechnungen mit sich davon. Albert de Mun erzwang, daß die Klage gegen Zola angestrengt würde. Die Angehörigen des Kriegsgerichts, vor dem

Esterhazy erschienen war, sie, die von Zola bezichtigt worden waren, sie hätten den Angeklagten auf Befehl hin freigesprochen, wurden nun angewiesen, Klage zu erheben.[5] Der Prozeß gegen Zola begann – in Paris, als öffentliche Verhandlung. Damit war die Katastrophe wiedergutgemacht. Noch ehe die Revision in Gang kam, war Zola sein heroischer Streich geglückt.

*

Ich versuche vergeblich, mich daran zu erinnern, auf welchem Wege oder auf wessen Rat hin Ferdinand Labori als Verteidiger Zolas bestellt wurde. Ich muß es gewußt haben. Ich habe es vergessen. Der Ruf Laboris als Advokat hatte begonnen, sich über den Justizpalast hinaus zu verbreiten. Seinen noch unentschiedenen Ehrgeiz zogen die Politik wie die Literatur an: Er bereitete sich darauf vor, in Reims für die gemäßigte Partei zu kandidieren, und einige Jahre zuvor hatte er jene Monatszeitschrift gegründet, aus der später dann die *Grande Revue* hervorging. Daß auf ihn die Wahl fiel, hätte gleichwohl unsere »revolutionäre« Gruppe enttäuscht, hätten wir uns nicht gleich gedacht, daß die Brüder Clemenceau, Georges und Albert, welche die Verteidigung der *Aurore* übernommen hatten, sich die großen Angriffsoperationen selbst vorbehielten. Ich war zu jener Zeit ein passabler Jurist (wenn auch auf einem ganz anderen Gebiet spezialisiert), ich arbeitete an einem Amtsgericht, ich konnte mich also einigermaßen nützlich machen und stellte mich deshalb Labori zur Verfügung. So manchen Morgen nahm ich den Weg von der Rue de Luxembourg zur Rue de Bourgogne, wo er sich vor kurzem eingerichtet hatte. Meine jeweilige Aufgabe wurde mir zugewie-

5 Die Klage wurde nicht von den Mitgliedern des Kriegsgerichts angestrengt, sondern in ihrem Namen vom Kriegsministerium – was gegen das Gesetz war und den ganzen Vorgang unwirksam machte. Nach der Verurteilung Zolas wurde diese Technik vor dem Kassationshof durch Monsieur Mornard enthüllt, was den ersten dreyfusistischen Erfolg neben dem Obersten Gerichtshof erlaubte. Auf meinen Irrtum hat mich Goudchaux Brunschvicg aufmerksam gemacht, der damals zu Mornards Mitarbeitern zählte.

sen, manchmal von ihm selbst, manchmal von einem seiner Mitarbeiter, Hild oder Monira. Mir oblag es, gewisse strittige Punkte des Strafrechts zu studieren und im voraus eine Erwiderung auf einige der Schwierigkeiten zu finden, die uns der Vorsitzende oder der Staatsanwalt gewiß machen würden; einige der Anträge, an denen im Verlauf des Prozesses ein solcher Überfluß herrschte, sind mehr oder weniger buchstäblich mein Werk. Ich habe also, wenn auch an fast verborgener Stelle, an der technischen Vorbereitung des Prozesses mitgearbeitet; ich war bei fast allen Sitzungen zugegen, aber das will ich ebensowenig erzählen wie alles andere. Ich versuche nur, spüren zu lassen, in welchem Zustand ich dem Verfahren folgte.

Das Schauspiel der Verhandlung war dramatisch, es war grandios, aber alles in allem war es nicht dieses Schauspiel, was mich wirklich berührte. Zweifellos nahm ich es wahr, es drang in mich ein. Ich war Teil der Bewegungen der Menschenmenge, die bei jedem Vorfall die Parteigänger der Revision und des Widerstandes einander gegenüberstellten und aufeinanderzuschleudern drohten. Ich wurde wie meine Freunde von den plötzlichen Erregungen ergriffen, die durch den Sitzungssaal liefen und durch die Korridore, durch das Gerichtsgebäude und die angrenzenden Straßen – von den unwiderstehlichen Wogen, deren Bild ich lange nicht mehr wiedergefunden habe, bis dann die großen Tage der Leidenschaft des Volkes kamen. Ich finde in meiner Erinnerung, vom Lauf der Zeit kaum verändert, das gewaltige Pathos gewisser Szenen wieder: den Auftritt Picquarts, sein erstes Erscheinen in der Öffentlichkeit; das furchtbare Verhör, dem Albert Clemenceau den stummen Esterhazy unterzog; den Zuruf von General de Pellieux an die Geschworenen: »Wollen Sie, daß wir Ihre Kinder zur Schlachtbank führen?« Dieser Pellieux (ein Bruder des »Barons«, der so viele Schüler des Gymnasiums Henri IV. in Mathematik unterrichtet hatte) war, nebenbei bemerkt, ein durchaus ehrenwerter Mann, und seine Tirade war um so wirkungsvoller, als er sie guten Glaubens losließ. All diese Bilder haben also in meinem Gedächtnis ihre Farbe, ihre Bewegtheit, ihre Ausdruckskraft behalten. Aber darin bestand für mich der Prozeß nicht. Worauf ich mich mit all meiner Aufmerksamkeit konzentrierte, was meine Intelligenz und meine Seele ganz an sich zog, das war der Weg der Beweisführung, das logische Vordringen der Wahrheit.

Würde der Prozeß gegen Zola den öffentlichen Beweis liefern oder nicht? Würde er das Urteil, mit dem Esterhazy freigesprochen worden war, vernichten, würde er die moralische Wirkung – wenn schon nicht die juristische Gültigkeit – dieses Spruchs annullieren? Würde sich aus ihm eine Art Verpflichtung zur Revision ergeben, eine rationale Notwendigkeit, der sich die Kräfte des Widerstands früher oder später beugen mußten – oder nicht? Das waren die Fragen, die für mich alles andere beherrschten. Ja, ich darf sagen, daß sie die einzigen waren, die sich meinem Bewußtsein stellten. Ich beugte mich über die Gerichtsrhetorik wie der Wissenschaftler über die Retorte eines Experiments. In dem Maße, in dem der Prozeß gegen Zola voranschritt, fragte ich mich schließlich, ob er nicht bereits für sich und ganz allein den Revisionsprozeß darstellen mochte – und dies wird, glaube ich, das Verdikt der Geschichte sein. Das wahre Drama spielte sich hier ab – nicht in dem einen oder anderen Umschwung während der Sitzung, in der einen oder anderen aufwendig inszenierten juristischen Konfrontation, sondern in diesem Vormarsch der Wahrheit, die Schritt für Schritt voranging, die sich plötzlich einen unvorhergesehenen und entscheidenden Vorteil verschaffte, die den Intrigenapparat der Lüge umwarf, wie der Ausfall einer Garnison alle Anstrengungen zur Unterminierung zunichte werden läßt.

Zola wurde von den Geschworenen verurteilt, aber das tat kaum etwas zur Sache; wir waren überzeugt davon, daß sein Prozeß die Affäre entschieden hatte. Ich war es, der in der *Revue Blanche* darüber berichtete. Heute mag ich meinen Artikel ebensowenig wie all das andere Material nachlesen. Aber ich weiß ohnedies, was er darstellt: eine Aufstellung der erzielten Ergebnisse, eine Bilanz der nachgewiesenen Tatsachen, eine tabellarische Konkordanz. Die Anführer des Widerstandes, die endlich ihren Fehler begriffen, mochten sich anstrengen, wie sie wollten, um den Prozeß auf seinen strikt definierten Gegenstand zu begrenzen: die Klage eines Kriegsgerichts, das man bezichtigt hatte, auf Befehl einen Freispruch verkündet zu haben; Vorsitzender und Staatsanwalt mochten sich nach Kräften abmühen, »die Verteidigung wieder auf die hier anstehende Frage zu bringen« (wobei diese Frage lautete: Können Sie einen bestimmten Befehl nachweisen, der dem Kriegsgericht den Freispruch auftrug?) – die gesamte Affäre drang durch die Bresche ein, die sich in Mélines Abwehrsystem geöffnet hatte. Die wesentlichen Behauptungen Zolas wurden im Hin und Her einer öffentlichen Auseinandersetzung bestätigt. Die Ungesetzlichkeit, die im Prozeß von 1894 begangen worden war, wurde bewiesen, was schon ausreichte, um die Revision als zwingend erscheinen zu lassen; die Absurdität der Zuschreibung der Liste an Dreyfus wurde demonstriert; die Kabalen des Generalstabs gegen Picquart wurden aufgedeckt; die Vorwürfe gegen Esterhazy hatten sich mit einer schwer lastenden Wahrscheinlichkeit, um nicht zu sagen Gewißheit erfüllt. Man hatte, leibhaftig einander gegenübergestellt, auf der einen Seite Picquart, auf der anderen Seite den »Ulanen« gesehen; man hatte urteilen und vergleichen können. Um die Verurteilung doch noch mit aller Gewalt durchzusetzen, hatte es am Ende wieder eines geheimen Aktenstücks bedurft, ganz wie im Jahre 1894. In letzter Verzweiflung hatte sich der General de Pellieux an die Geschworenen gewandt und in dem ihm eigenen Brustton eines anständigen Mannes verkündet: »Es gibt im Generalstab einen unwiderleglichen Beweis, ein Dokument, das sogar den Namen von Dreyfus trägt. Dieses Schriftstück kann Ihnen nicht vorgelegt werden – die Folgen wären zu schwerwiegend … Aber ich, ich bezeuge vor Ihnen, daß ich es gesehen habe …«

7

Ein halbes Jahr später, zu Beginn des Juli 1898, sah man alles wieder in Frage gestellt. Die dem Sieg entgegengehende Sache schien plötzlich wieder verloren. Das mit soviel Mühe und Mut errichtete Gebäude stürzte zum zweiten Male ein. Godefroy Cavaignac, seit einigen Wochen Kriegsminister der Regierung Brisson, hatte in der Kammer die Schlußfolgerungen seines persönlichen Aktenstudiums verkündet: Er hatte die Schuld Dreyfus' bestätigt. Er hatte die Aktenstücke vorgelegt, auf die sich seine Überzeugung stützte. Die gesamte Kammer hatte ihm applaudiert; einstimmig – oder gegen eine einzige Stimme, wenn ich mich recht erinnere – hatte sie die Plakatierung der Rede im ganzen Land angeordnet. Das war der zweite entsetzliche Augenblick.

Das Manöver Cavaignacs hatte auch deshalb eine so durchschlagende Wirkung, weil er eine dem System Mélines genau entgegengesetzte Strategie verfolgte. Anstatt wie die vorhergegangene Regierung zu wiederholen, er wisse gar nicht, worum es sich bei dieser Affäre handeln solle, er lehne jegliche Auseinandersetzung darüber ab, zielte Cavaignac mit einem überlegten Gegenangriff ins Herz der dreyfusistischen Beweisführung. Ja, es gab eine Affäre Dreyfus! Jawohl, sie mußte ein für alle Mal aufgeklärt werden! Die Dreyfusards hatten das Dossier der Regierung kritisiert, aber ohne es zu kennen; er würde es nun allen Blicken offenlegen. Sie hatten die öffentliche Meinung aufgerufen, zu urteilen, er würde jetzt in der Tat der Öffentlichkeit dieses Urteil überlassen und ihr alle notwendigen Unterlagen liefern. Meine Herren, Sie haben die öffentliche Auseinandersetzung gefordert – nun gut! Und er gab in der Tat vor dem Parlament und dem ganzen Land die Logik seiner Gewißheit bekannt. Die Archive des Zweiten Büros des Generalstabes enthielten in doppelter Gestalt den am schwersten wiegenden aller Beweise. Dreyfus hatte am Tag seiner Degradierung gestanden – und vor allem hatten die Auftraggeber, die ihn korrumpiert hatten, die ihn benutzten, die ihn bezahlten, ihrerseits ein Geständnis abgelegt. Es gab einen Briefwechsel zwischen den Militärattachés von Deutschland und Italien, wo Dreyfus' Name offen genannt wurde – dies war das geheime

Aktenstück, auf das sich General de Pellieux bereits vor den Geschworenen des Prozesses gegen Zola bezogen hatte. Dreyfus wurde dort nicht nur genannt – die Militärattachés bezeichneten ihn ausdrücklich als Verräter und einigten sich im voraus auf gewisse Vorsichtsmaßnahmen oder Leugnungen, die im Falle ihrer eigenen Kompromittierung notwendig würden. Cavaignac zählte die Gründe auf, derentwegen die Authentizität dieses »erschlagenden Dokuments« nicht in Zweifel zu ziehen war – nach dessen Vorlage es keine weitere Diskussion mehr gab.

Die dreyfusistische These sollte also im Lebensnerv getroffen werden. Was konnten neben diesem direkten Beweis für die Schuld Gutachten oder Zeugnisse, Annahmen oder Schlüsse noch für ein Gewicht haben? Und da Dreyfus für schuldig erklärt, als schuldig erwiesen worden war, bekam die Kampagne der Antisemiten und Boulangisten mit einem Male eine offizielle Beglaubigung. Esterhazy war tatsächlich der vorgebliche Verräter, den man sich im voraus ausgesucht hatte, um ihn anstelle des wahren vorzuführen – eben weil auf ihn seines Dienstpostens wegen alle einschlägigen Indizien hinwiesen. Die Dreyfusards waren tatsächlich das korrupte Syndikat, welches die Glaubensgenossen und die Auftraggeber des Verräters aufgezogen hatten, die Juden und die Deutschen. Picquart war tatsächlich der Agent dieses Syndikats. Der Rohrpostbrief, der Esterhazy bloßstellte, war tatsächlich eine Fälschung. Der populäre, der nationale Instinkt hatte alles ganz richtig gesehen.

Das war es, was Cavaignac vor einem begeisterten Parlament gesagt oder jedenfalls zu verstehen gegeben hatte – und kein anderer hätte eine solche Sprache mit derartiger Autorität führen können. Seit er das Kriegsministerium übernommen hatte, wollte er sich »selbst von der Sache überzeugen«. Und er hatte sie sich selbst erarbeitet; er hatte das Dossier unvoreingenommen, mit unparteiischem Urteil durchgesehen, denn er hatte ja bis jetzt – was auch immer seine instinktiven Reaktionen gewesen sein mochten – niemals Position bezogen. Seine untadelige Rechtschaffenheit, die strenge Nüchternheit seiner Lebensführung, die Ernsthaftigkeit seines Tonfalls, alles, bis hin zu seiner »wissenschaftlichen« Ausbildung und seinen entsprechenden Denkgewohnheiten, machte ihn zu dem Schiedsrichter, den man am allerwenigsten ablehnen konnte. Der Sohn des Verbannten, der Enkel des Königsmörders, der Neffe eines Helden der republikanischen Erhebung – niemand konnte ihn im Verdacht haben, mit den reaktionären Führern des Widerstands unter einer Decke zu stecken oder mit den bigotten Häuptern des Generalstabs. Schon im voraus hatte sich die neue Kammer, im Monat Mai frisch gewählt, ganz ihm anvertraut, und nun war sein Urteilsspruch ergangen. Wir waren keinen Schritt weiter als zu Beginn der Kampagne. Wie am Tage von Esterhazys Freispruch war Dreyfus zum zweiten Mal verurteilt worden.

Ich hatte an der Sitzung des Parlaments nicht teilgenommen. Lucien Herr war am späten Nachmittag bei mir, als die Nachricht uns atemlos von einem seiner Freunde überbracht wurde, Félix Mathieu, einem exzentrisch-eifrigen jungen Mann, dem besonders Pascal verhaßt war, dessen wissenschaftlichen Plagiaten er diverse Artikel in der *Revue de Paris* widmete. Wir hörten Mathieu an, ohne zuerst den Sinn seiner Worte recht zu begreifen. Auch wir hatten uns nach der Bildung der Regierung Brissot ganz auf Cavaignac verlassen, auch wir hatten auf ihn gehofft. Wir wußten, daß er rechtschaffen war, fleißig, methodisch. Und schon die Rechtschaffenheit genügte ja. Um zu dem Schluß: Dreyfus ist unschuldig! zu kommen, brauchte es keinen alten Fleißschüler des Polytechnikums, es brauchte nur den ehrlichen Menschenverstand eines Kindes. Und jetzt erklärte Cavaignac Dreyfus für schuldig. Er hatte sich für die Schuld verbürgt! Er hatte sich verbürgt für die Tatsächlichkeit des Lebrun-Renaud gegenüber abgelegten Geständnisses! Was erschrekkend, was bestürzend war, das war der Umstand, daß er all das aufrichtig glauben konnte. Und die gesamte Kammer hatte ihm Beifall geklatscht! Niemand, wahrhaftig niemand, hatte Anstoß genommen; niemand war von seinem Platz aufgestanden, um etwas zu erwidern oder ihn auch nur mit einem Zuruf zu unterbrechen. Und wir kannten doch Männer im Parlament, die dachten wie wir, die dies nicht weniger erschüttern konnte als uns? Wir konnten nicht, wir wollten nicht an ihrem Mut zweifeln. Wenn sie schwiegen, dann deshalb, weil sie durch Cavaignacs Rede überzeugt, zumindest beunruhigt worden waren, weil ihr Glaube schwankte – und dieser Gedanke verdoppelte unseren Schrecken, unsere Bestürzung.

Wenn ich zu jener Zeit mehr parlamentarische Erfahrung gehabt hätte, wäre meine Verzweiflung weniger drückend gewesen; ich hätte klarer einschätzen können, was die Einstimmigkeit der Kammer, was das Schweigen unserer sichersten Parteigänger bedeuteten. Ich hätte die ansteckende Kraft gewisser Formen von Massenpsychose in derartigen Versammlungen gekannt. Ich hätte gewußt, wieviel innerste Tapferkeit es braucht, ihnen nicht zu verfallen – geschweige denn, ihnen offenen Widerstand zu leisten. Ich hätte auch (aus eigenem Erlebnis) gewußt, daß sie oft in wenigen Augenblicken in sich zusammenfallen. Es ist mir selbst so ergangen, daß ich mich um sieben Uhr abends, als ich der allgemeinen Stimmung die Stirn bot, von einer Menge umringt spürte, so feindselig, daß sie mich wohl am liebsten auf der Stelle gelyncht hätte – und um neun Uhr, als die Sitzung fortgesetzt wurde, sah ich die Wütenden mich umringen und zu mir sagen: »Sie haben recht gehabt.« Doch eines blieb aufs fürchterlichste, wie es war. Ob von Dauer oder nicht – die Wirkung, die Cavaignac im Parlament erzielt hatte, würde morgen früh ihren Widerhall in der Presse finden, und in den kommenden Tagen in der breiten Öffentlichkeit. Die Stimmung würde wieder umschlagen und uns feindlich werden. Was für eine vernünftige Hoffnung blieb denn nun noch, bei Cavaignac die Wiederaufnahme des Verfahrens zu erreichen, sie ihm von der Kammer aufzwingen zu lassen, sie der Kammer durch die öffentliche Meinung aufzuzwingen? Wann würde der unglückselige Unschuldige von seiner Felsenklippe zurückkehren? Alles entglitt unseren Händen, wir standen vor der Vergeblichkeit all unserer Anstrengungen.

Ich sehe diesen Sommerabend noch genau vor mir – Lucien Herr und Mathieu, wie sie mit mir in meinem Arbeitszimmer sitzen. Nach Mathieus Bericht schwiegen wir alle drei. Wir blieben, den Kopf in die Hände gestützt, stumm und reglos. Weinten wir? Zwang uns die Niedergeschlagenheit die Tränen in die Augen? Ich weiß es nicht mehr. Ich suche vergeblich nach Worten, welche diese Last der Niedergeschlagenheit, des Entsetzens, der Trauer ausdrücken könnten. Plötzlich ging die Klingel, und Jaurès stieß die Türe auf. Wir wandten uns alle drei nach ihm um, immer noch ohne ein Wort, mit einer Bewegung, als wollten wir sagen: »Setzen Sie sich, weinen Sie mit uns ...« Aber er begann im Gegenteil uns in einem Ton zu beschimpfen, den ich noch heute hören kann – mit Vehemenz, mit Zorn, aber auch mit einer Art strahlendem Triumph: »Was denn? Sie auch? Eben, als die Sitzung zu Ende war, mußte ich mich mit ein paar Kameraden herumschlagen, die mich umringten, die in mich drangen – sie dachten, alles sei vorbei, die Schwachköpfe, sie haben mich beschworen, meine Kampagne einzustellen. Aber begreifen Sie denn nicht, daß wir jetzt, jetzt zum ersten Mal, den sicheren Sieg in Händen haben? Méline war unverletzlich, weil er schwieg. Cavaignac redet, er diskutiert, also ist er schon besiegt. Unsere einzigen gefährlichen Gegner sind das Geheimnis und das Schweigen. Jetzt, da Cavaignac mit seinem Beispiel vorangegangen ist, muß man alles veröffentlichen, alles vorzeigen, jetzt muß der Generalstab seine Reserven herausrücken. Man kann uns nun nicht mehr ins Ohr flüstern: Wissen Sie, es gibt da ein geheimes Dokument ... Wir werden alles kontrollieren, wir werden genau feststellen, was authentisch ist und was falsch. Die Aktenstücke, die Cavaignac eben zitiert hat – das sind, ich schwöre es Ihnen, Fälschungen! Sie riechen nach Fälschung, sie stinken danach. Es sind Fälschungen, und noch dazu vollkommen idiotische Fälschungen, angefertigt, um andere Fälschungen zu verdecken! Ich war mir schon beim Zuhören ganz sicher, und ich werde den Beweis antreten. Die Fälscher sind aus ihrem Loch herausgekommen, jetzt haben wir sie an der Gurgel ... Sitzen Sie nicht herum wie bei einer Beerdigung, machen Sie es wie ich, freuen Sie sich!«

Wir lauschten ihm; von seinen ersten Worten an empfanden wir es wie eine Eingebung: Er hatte recht. Ich fühlte mich von derselben Auferstehungsfreude überschwemmt wie bei der morgendlichen Lektüre des *J'Accuse*. Jaurès fuhr fort: »Es ist schon wahr – das stumme Einverständnis, das einstimmige Votum, das ist traurig ... Traurig, daß sich kein einziger gefunden hat ... Zum ersten Mal habe ich wirklich bedauert, daß ich es in Carmaux nicht geschafft habe ... Aber ich habe ja noch die

Zeitung.« Und in der Tat begann bald danach die *Petite République* die Serie der *Preuves* abzudrucken. Auf den zweiten Sturz folgte das zweite Wunder.

*

Ich habe Jaurès' *Preuves* unter die Meisterwerke der dreyfusistischen Literatur gezählt, und davon nehme ich nichts zurück. Wenn meine Leser Lust bekommen sollten, dieses Urteil zu überprüfen, und sei es nur aus Widerspruchsgeist – wie glücklich würde ich mich schätzen! Vielleicht werden sie gewisse Schwierigkeiten haben, die Broschüre aufzutreiben, die nie nachgedruckt wurde und noch nicht ihren Platz in Jaurès' *Gesammelten Werken* gefunden hat. Es gibt sie lediglich in ihrer primitiven Form – ein kleines Propagandaheft, hastig auf billigem Papier gedruckt. Da es sich nur um eine Sammlung von Artikeln handelt, die von einem überlasteten Mann rasch geschrieben wurden, wenn er gerade die Zeit fand (und die sofort so gedruckt wurden, wie sie geschrieben worden waren), kann man dort wohl Längen oder Wiederholungen finden. Ich denke, es wird auch eine gewisse Zahl von persönlichen Anspielungen oder persönlichen Auseinandersetzungen ihre Farbe oder ihren Schwung verloren haben, die Zeit hat wohl auch manchen Scherz verblassen lassen. Und doch ist es ein dauerhaftes Buch. Wenn es ein Werk unserer Zeit gibt, das sich mit Pascals *Provinciales* vergleichen läßt, dann ist es dieses.

Die *Preuves* haben im Hinblick auf die Rede Cavaignacs dieselbe Rolle gespielt wie das *J'Accuse* und der ihm folgende Prozeß gegen Zola hinsichtlich des Freispruchs von Esterhazy. Sie haben das ganze verlorene Terrain zurückgewonnen, sie haben neue Vorteile erobert, denn die Chancen für die Revision verbesserten sich notwendigerweise mit jeder nachgewiesenen Gemeinheit aus dem Lager des Widerstandes. Jeden Morgen, von Artikel zu Artikel, sah man die Wahrheit erstarken, sich neu sammeln, wie beim Prozeß gegen Zola von Sitzung zu Sitzung. Jaurès untersuchte die Affäre ganz allein, von Grund auf. Er nahm sich, eine nach der anderen und ohne eine einzige auszulassen, alle Beschuldigungen vor, die seit dem Prozeß von 1894 gegen Dreyfus erhoben worden waren. Eine nach der anderen wurden sie von einer hohen Vernunft geprüft – einer ruhigen (fast fröhlichen) und furchtbaren Vernunft. Breite und Strenge des logischen Vorgehens gaben dem Aufbau etwas Majestätisches. Doch die Hauptanstrengung zielte, wohlgemerkt, auf die Rede von Cavaignac. Die dialektische Ironie erreicht hier wahrhaft Pascalsches Format. Mit einem Meisterstreich der indirekten Kritik – da ihm die Dokumente nicht vorlagen, deren äußere Gestalt er ebensowenig kannte wie ihren Text – demonstrierte Jaurès unwiderleglich ihren betrügerischen Charakter. Seine Demonstration bezog sich hauptsächlich auf jenes Aktenstück, das Cavaignac zum Eckstein seiner Ausführungen gemacht hatte, auf den Brief des Militärattachés, in dem Dreyfus erwähnt wurde. Jaurès zeigte mit einem geradezu üppigen Überschuß an Beweisen, daß dieser angebliche Brief eine Fälschung war – daß er nichts anderes sein konnte als eine Fälschung. Er wies nach, von wem sie hergestellt worden war, zu welchem Zeitpunkt, bei welcher Gelegenheit, mit welcher Absicht. Das Wort, das er uns gegeben hatte, hielt er generös. All dies ohne irgendein rhetorisches Auftrumpfen, ohne den Ehrgeiz des erlesenen Stils, der *écriture*, wie man damals zu sagen pflegte; die Schönheit ergab sich einfach aus der architektonischen Symmetrie des Aufbaus, aus der genauen Entsprechung der Mittel zum Zweck, aus einem besonderen Tonfall der mutigen Überzeugung – und gelegentlich auch, wie bei Cicero, aus jenem exquisiten Vergnügen des Autors an der Sache, das einer der reizvollsten Züge von Jaurès' Geist war.

Die Erregung, die das *J'Accuse* in der Öffentlichkeit ausgelöst hatte, trat erneut ein, und wochenlang verbreitete und verzweigte sie sich. Die Rede Cavaignacs hatte allein dadurch, daß sie die Schuld Dreyfus' als schlechthin erwiesen hinstellte, das Lager der Revision diskreditiert. Die Artikelserie von Jaurès aber nahm dem Widerstand seine Ehre. Sie gab der dreyfusistischen Sicht der Dinge eine ganz neue Weite – die Affäre nahm Dimensionen an, die wir niemals vorhergesehen hatten. Denn wenn das von Cavaignac zitierte Aktenstück tatsächlich eine Fälschung war, und wenn diese Fälschung nicht von außerhalb stammte und von irgendeinem kleinen Schuft verkauft worden war, sondern tatsächlich im Inneren des Generalstabs selbst von den Leitern des Zweiten Büros fabriziert worden war, wenn die Fälscher ihre Dreistigkeit so weit getrieben hatten, den eigenen Minister zum Opfer ihres Betrugs zu machen – dann war es ein Abgrund an Verbrechen und Schurkerei, der sich hier vor einem auftat. Cavaignac hatte gerufen: »Welche Interessen haben die Dreyfusards dazu getrieben, um jeden Preis einen Schuldigen retten zu wollen?« Jaurès erwiderte: »Welche Interessen haben die Männer des Zweiten Büros dazu treiben können, Verbrechen auf Verbrechen zu häufen, um die Entlastung eines Unschuldigen zu verhindern?« Das Schicksal der ganzen Affäre fand sich so in einem einzigen Punkt konzentriert: War der Brief des Militärattachés authentisch, wie Cavaignac behauptet hatte, oder gefälscht – wie es Jaurès nachwies? Ehe noch die Broschüre, in der man hastig die Serie der *Preuves* gesammelt hatte, in Druck ging, bestätigte ein melodramatischer Vorfall die experimentellen Schlüsse von Jaurès auf tragische Weise. Der Brief des Militärattachés war in der Tat gefälscht. Die Fälschung war tatsächlich dort entstanden, wo Jaurès gesagt hatte, in dem Augenblick, den er angab, von dem Mann hergestellt, auf den er hinwies. Ende August gestand Major Henry vor Cavaignac sein Verbrechen und schnitt sich dann in seiner Zelle in der Festung Mont-Valérien die Kehle durch.

Erinnert man sich an das Wort von Pascal, das ein so durchdringendes Licht auf das wirft, was man Verdienst, Talent, Genie nennt? »Ich bewundere bei einem Menschen das Übermaß einer Tugend nicht, wenn ich nicht gleichzeitig bei ihm das Übermaß der entgegengesetzten Tugend finde.« Solche Funde sind selten: Es ist selten, daß eine bestimmte Tugend und die ihr entgegengesetzte in demselben Menschen vereint sind, und besonders selten ist die Vereinigung des gemeinsamen Übermaßes. Deswegen verwirrt sie die Urteilskraft: Man vermag es kaum zu glauben, wenn man sie antrifft. Anatole France stellte für alle Welt die Vollkommenheit des kulturellen, gedanklichen, künstlerischen Raffinements dar; entsprechend verwirrt war man, als man in ihm eine völlig schlichte und stille Tapferkeit entdecken mußte. Jaurès galt allgemein als das große Beispiel lyrischer, sängerischer Beredsamkeit, als

Schöpfer wohlklingender Perioden, Rhythmen, Bilder; auch diese Virtuosität hielt man instinktiv für unvereinbar mit einer gewissen wissenschaftlichen Unbestechlichkeit der Forschung, einer gewissen logischen Präzision des Argumentierens – und die Leser der *Preuves* waren verblüfft, festzustellen, daß sich in ihm diese entgegengesetzten Tugenden vereinten. Für das Publikum – wenn auch gewiß nicht für seine Freunde – zeigten die *Preuves* einen ganz neuen Jaurès. Man hatte ihn als glänzenden Volksredner eingeordnet, und nun erstaunte man über sein dialektisches Ingenium. Was überraschte, war das Maß an Ernst, an Strenge, an Getreulichkeit. Man wird es mir nachsehen, wenn ich an diesem Punkt ein wenig innehalte, denn auch heutzutage leidet die Vorstellung, die man sich von Jaurès macht, unter dem Mißverständnis, zu welchem Pascals Satz den Schlüssel bietet. Weil Jaurès einer der bildkräftigsten Redner war, weil er auf Menschenmengen eine fast poetische oder religiöse Faszination ausüben konnte, will man nicht zugeben, daß er auch das Übermaß der entgegengesetzten Tugend besaß. Man macht sich nicht klar, daß dieses Denken, das seinen rhetorischen Ausdruck in musikalischer, lyrischer Schönheit fand, sich trotzdem in ihm mit einer methodischen Strenge und einem Willen zur Aufrichtigkeit vollzog, die der skrupulöseste Naturwissenschaftler nicht geringgeschätzt hätte.

In den Erinnerungen, die mir die schon lange zurückliegende Lektüre der *Preuves* hinterlassen hat, finde ich ein bedeutsames und rührendes Beispiel. Unter den Schriftsachverständigen der Affäre, unter jenen, welche die Handschrift der berüchtigten Liste dem Angeklagten Dreyfus zugeordnet hatten, war ein Mediziner namens Bertillon, dessen Name heute noch in der kriminologischen Anthropometrie fortlebt. Als Bertillons Gutachten veröffentlicht wurde, reagierte die Öffentlichkeit mit Staunen und mit Erschrecken. Jedermann sagte sich: »Der Mann ist verrückt ...« Und tatsächlich zeigte alles in diesem Gutachten die klassischen Züge des »logischen Wahns« – ein bizarres und ungereimtes technisches Vokabular, eigenartige Tabellen und Figuren, die den Text übersäten, absurde Postulate, auf denen kühne Folgerungen aufbauten. Die Verwirrung oder zumindest Trübung dieses Geistes war so deutlich, daß auch die Vertreter des Widerstandes Bertillon fallenließen.

Wenn der Dreyfusard in den täglichen Diskussionen, welche die Affäre auslöste, ohne allzugroße Mühe einen Stich machen wollte, zitierte er das Bertillonsche Gutachten, worauf sich der Dreyfusgegner mit dem Finger an die Stirn tippte und in großzügig-mitleidigem Ton sprach: »Natürlich – *den* schenke ich Ihnen.« Als Jaurès sich nun eine Anklage nach der anderen vornahm, kam er auch zu Bertillons Gutachten; jeder andere hätte es mit zwei, drei Zitaten, einer Reihe von Sottisen und dem einen oder anderen Ausruf der Entrüstung gut sein lassen. »Das also haben die Richter 1894 mit offenem Mund als Evangelium hingenommen! Mit derartigen Begründungen hat man einen Unschuldigen verurteilt!« Durchaus nicht. Der Dreyfusard Jaurès tat etwas, was kein Antidreyfusard je getan hatte. Er zitierte nicht, er amüsierte sich nicht über den Text. Mit der strengen, skrupulösen Haltung des Wissenschaftlers suchte er nach den Grundgedanken des vernünftigen Bertillon, die sich trotz allem hinter den bizarren Formeln des verrückten Bertillon verbergen mochten. Und auch diese arbeitete er geduldig und klar heraus, um sie alsdann zu widerlegen.

8

Die Veröffentlichung der *Preuves* war kaum abgeschlossen, als der Donnerschlag von Henrys Selbstmord ertönte. Das war in den allerletzten Augusttagen des Jahres 1898. Ich machte Ferien in der Schweiz. Gegen zehn Uhr abends telephonierte eine Züricher Zeitung dem Hotelportier die Nachricht, der an meine Tür klopfte, um mir die Neuigkeit mitzuteilen. Major Henry, von Cavaignac einbestellt, mußte vor ihm das Geständnis abgelegt haben, daß das Aktenstück aus der Korrespondenz der Militärattachés sein Werk war. Er war auf der Stelle verhaftet worden, man brachte ihn ins Festungsgefängnis von Mont-Valérien, und dort hatte er sich in seiner Zelle die Kehle aufgeschnitten. Ich weiß nicht, ob ich in meinem ganzen Leben je eine so gewaltig wirkende Nachricht erhalten habe. Was mich so überfiel und gefangennahm, war nicht die dramatische Emotion, die eine Sensationsmeldung auslöst. Das berührte mich ebensowenig wie bei den großen Spannungsszenen des Prozesses gegen Zola. Nein, die unermeßliche, die unendliche Freude, die auf mich herabzuströmen schien, entsprang meiner Vernunft. Die Wahrheit hatte gesiegt. Ich war nicht nur auf ihrem langen Weg mitgegangen, ich nahm auch teil an ihrer triumphalen Ankunft. Das Abwehrsystem Cavaignacs war mit einem einzigen Schlag zusammengebrochen. Die Demonstration, die Jaurès vorgenommen hatte, bestätigte sich nun bis ins Detail, und Henry hatte es mit seiner blutigen Unterschrift bezeugt. Und war es im übrigen nicht schon zuvor Jaurès gewesen, der Cavaignac ein wenig unsicher gemacht hatte? Wenn dieser einen Offizier seines Vertrauens, Hauptmann Cuignet, damit beauftragt hatte, die Authentizität des Dokuments zu überprüfen, dann mußten ihn Jaurès' Argumente beunruhigt, ja schon halb überzeugt haben. Jedenfalls konnte nun keine Macht der Welt mehr die Revision aufhalten, und tatsächlich leitete einige Tage nach Henrys Selbstmord Ministerpräsident Brisson die entsprechenden Schritte ein. Wir durften uns ausruhen, unsere Arbeit war getan: Die Affäre war zu Ende.

Alles in allem trog mich meine Freude nicht. Es blieb wahr: Die Affäre war zu Ende. Gewiß, neue Enttäuschungen und neue Kämpfe warteten auf uns. Der Selbstmord Henrys setzte dem Widerstand kein Ende, wie wir – ohne daß man uns diesmal allzugroße Einfalt vorwerfen konnte – eigentlich gehofft hatten. Mit manischer Sturheit versteifte sich Cavaignac darauf, die einzelnen Teile seines zerbröckelten Systems wieder zusammmenzukleben. Drei Kriegsminister – er selbst, General Zurlinden, General Chanoine – traten, einer nach dem anderen, lieber zurück, als in die Revision einzuwilligen. Barthou stürzte Brisson in der ersten Sitzung der Kammer. Charles Dupuy, der Nachfolger, legte der Untersuchung des Kriminalgerichts alle möglichen Fallstricke in den Weg und entzog diesem am Ende das Verfahren. Der Generalstab, der von seinem Jagdwild nicht lassen wollte, setzte die Verfolgung Picquarts fort. Währenddessen verwandelte der Nationalismus der äußersten Rechten die Fälschung Henrys in eine Tat des patriotischen Opfermuts und verlangte die öffentliche Rechtfertigung des Verbrechers. So mühte sich der noch einmal erstarkte Widerstand, die praktische Wirkung von Jaurès' Beweisen zu zerstören und die moralische Wirkung des Geständnisses, das Jaurès recht gegeben hatte, zu vernichten. Wir schlugen gewaltsam, manchmal mit wütendem Zorn zurück. Alles war Erregung und Leidenschaft. Man glaubte sich sogar, im Augenblick des Putschversuchs von Reuilly, am Vorabend eines Bürgerkriegs. Doch all das zählte nicht mehr – die Affäre, die eigentliche Affäre, war beendet. Der Zauberbann war gebrochen, denn die Wahrheit war erwiesen. Man konnte immer noch gegen Dreyfus und die Dreyfusards kämpfen. Aber man vermochte nichts mehr gegen das logische wie historische Faktum, daß die Unschuld Dreyfus' nachgewiesen worden war. Die Elite der öffentlichen Meinung in Frankreich neigte sich vor dieser Tatsache; die internationale Meinung, die eine erste Form des Urteils der Geschichte ist, verkündete sie ohne Zögern und Streit. So war also unsere eigentliche Aufgabe vollbracht, und der Dreyfusard wurde wieder ein gewöhnlicher Mensch. Wir begannen wieder, wie alle Welt zu leben, so, wie wir früher gelebt hatten, stets für die Sache begeistert, wohl wahr, stets voller Überzeugung, aber nicht mehr völlig versunken, verwunschen – wir fanden in uns wieder Raum für die eigenen Interessen, die Sorgen, die Gewohnheitsgefühle der Alltagsexistenz.

*

Diese Veränderung wird mir vollkommen klar, wenn ich meine Erinnerungen an den Prozeß von Rennes mit jenen an den Prozeß gegen Zola vergleiche. Der Kassationshof hatte den Urteilsspruch von 1894 gelöscht. Dreyfus war von der Teufelsinsel zurückgeholt worden und erschien im September 1899 wieder vor dem Militärgericht, einige Wochen nach Bildung der Regierung Waldeck-Rousseau. Ich war nicht in Rennes. Eine Erkrankung in der engsten Familie hatte mich in Paris zurückgehalten, wo sich aus einem ähnlichen Grund auch Lucien Herr aufhielt. Jeden Tag, und oft mehrmals täglich, trafen wir in der Buchhandlung Bellais einen der Unseren, Mario Roques, einen Schüler von Gaston Paris und Bédier, der sehr eng mit dem Justizminister Monis befreundet war und uns deshalb immer die Informationen aus dem Ministerium, die dort eingehenden Nachrichten und die geheimen Prognosen mitteilen konnte. Die Regierung hielt den Freispruch für sicher – worin sie sich täuschte, wie man weiß; und auch wir glaubten mit aller Macht an ihn. Wir folgten der Verhandlung Schritt um Schritt, gespannt, begeistert, zornig. Aber wir hatten nicht mehr wie zu Zeiten des Prozesses gegen Zola das Gefühl, daß es um unser Leben ging. Die Affäre, die eigentliche Affäre, war abgeschlossen. Die Wahrheit war nicht nur bewiesen, sie war erschöpfend dargelegt – mit Ausnahme der Rolle Henrys, auf dem immer noch das Geheimnis ruht. Die Auseinandersetzungen in Rennes brachten keine neuen Aufschlüsse, fügten dem Bekannten nichts hinzu. So, wie Picquart im Prozeß gegen Zola aufgetreten war, trat nun zum ersten Mal wieder Dreyfus persönlich auf, ernst, streng, bescheiden, körperlich jeder theatralischen Geste oder Ansprache unfähig, aber bewegend in seiner stoischen Reinheit. Ihm gegenüber empfand man nach wie vor Mitleid, ein tiefes menschliches Rühren. Aber was auch kommen mochte, wie der Spruch des Kriegsgerichts auch lauten mochte (am Ende brachte es alle Parteien gegen sich auf, indem es den Angeklagten verurteilte und ihm mildernde Umstände zubilligte!) – er würde auf jeden Fall der unschuldige Dreyfus sein, er war auf jeden Fall wieder Hauptmann Dreyfus geworden! Was jetzt auch kam – auf jene

Insel würde er nicht mehr zurückkehren müssen. Er war vor dem Weltgewissen rehabilitiert. Und Esterhazy war, ganz gleich, ob ihn ein Kriegsgericht freigesprochen hatte oder nicht, ein Verurteilter. Schon jetzt war er von aller Welt ausgestoßen, hinunter in das Luderleben, wo er sein Ende fand.

Um Wievieles stärker ist nochmals die Veränderung, wenn ich den Prozeß von Rennes mit dem Verfahren vor dem Kassationshof vergleiche, der einige Jahre später dann den endgültigen Freispruch verkündete! Nach dem Urteil von Rennes hatte sich Dreyfus mit der Begnadigung abgefunden, die ihm Waldeck-Roussau durch Millerand und Joseph Reinach anbieten ließ. Die »revolutionären« und die »politischen« Dreyfusards waren darüber ein letztes Mal zusammengeprallt. Die Einheit unserer großen Kirche war zerbrochen. Clemenceau spie Flammen, aber Jaurès, schließlich weich geworden, hatte eigenhändig die Annahmeformel aufgesetzt. Indem er die Begnadigung annahm, hatte Dreyfus sich jedoch das Recht vorbehalten, seine vollständige gesetzliche Rehabilitierung mit allen Mitteln zu verfolgen. Diese Verpflichtung sich selbst und seinen Freunden gegenüber hielt er ein. Er betrieb die Revision des Prozesses von Rennes, wie die Dreyfusards die Revision des Prozesses von 1894 betrieben hatten. Der Kassationshof hob auf, zitierte herbei, sprach frei: Der unschuldige Dreyfus wurde, wie er es sich unablässig auf seinem Felsen gewünscht hatte, ein auch gesetzlich vollkommen Unschuldiger. Doch diese letzte juristische Wendung ließ die Öffentlichkeit gleichgültig. Kaum, daß die Nationalisten der äußersten Rechten die Gelegenheit zu einigem Lärm und einigem Vandalismus ergriffen. Die Affäre war beendet.

9

In der Zwischenzeit hatte man einander selbstverständlich weiter bekämpft, und das ging noch lange so fort. Doch war dies lediglich ein politischer Kampf. Von seiten der Dreyfusards focht man nicht länger für die Aufhebung eines Justizirrtums, für die Existenz eines Menschen. Die »Revolutionäre« bemühten sich, die erzielten Ergebnisse zu verallgemeinern, die Erschütterung in langen Wellen fortzuführen. Wir zählten durchaus darauf, die momentane Koalition der Revisionäre in ein stehendes Heer im Dienst des Menschenrechts und der Gerechtigkeit umzubilden. Von dem Unrecht, das ein Individuum erlitten hatte, wollten wir – wie Jaurès es vom ersten Tage an getan hatte – weitergehen zum sozialen Unrecht. Wir kehrten nun gegen das Militär die beiden Urteile der Kriegsgerichte – das eine war falsch und ungesetzlich, das andere widersprüchlich und absurd –, die Fälschungen des Zweiten Büros, den erbitterten Kampf, den hier die Standesehre gegen die Ehre schlechthin geführt hatte. Auf seiten des Widerstandes versuchten die Antisemiten, die alten Boulangisten, die monarchistische und klerikale Rechte die spiegelbildlich entgegengesetzte Operation. Sie machten sich daran, die konfusen, aber im Grunde schlichten Reflexe des Nationalinstinkts zu disziplinieren, sie in Richtung einer nationalistischen Reaktion zu lenken – heute würden wir sagen: einer faschistischen. Die *Camelots du Roi* schlugen ihre ersten Schlachten, die Liga des französischen Vaterlandes hatte sich fast auf dieselbe Art und Weise organisiert wie die paramilitärischen Trupps unserer Gegenwart.

Der rasche Fortschritt dieser Propaganda hatte die Masse der Republikanischen Partei in Alarmzustand versetzt. Nach dem Staatsstreichversuch von Reuilly und vor allem nach der Bildung der Regierung Waldeck-Millerand-Gallifet hatte sich die Bewegung zur »Verteidigung der Republik« an den Dreyfusismus angeschlossen, und nach und nach war sie an seine Stelle getreten. Zu Zeiten von Combes und seinem Gegenangriff war die Entwicklung noch deutlicher geworden. Das Parlament und das ganze Land hatten sich in zwei klar abgegrenzte Lager gespalten, die durch einen tiefen Graben getrennt waren. Die Leidenschaften waren erregt bis zur Gewalttätigkeit. Aber man kämpfte nicht mehr für oder gegen Dreyfus, für oder gegen die Revision – man kämpfte für oder gegen die Republik, für oder gegen den Militarismus, für oder gegen den säkularisierten Staat. Und während sich Gegenstand und Preis des Kampfes geändert hatten, hatte sich auch in den Reihen der Kämpfer der Wechsel vollzogen. Das republikanische Lager hatte viele Gegner der Revision aufgenommen, viele Gleichgültige, viele ihrer nur lauwarmen oder feigen Anhänger. Umgekehrt waren viele Dreyfusards der ersten Stunde wieder auf das ihnen natürliche Terrain zurückgekehrt, ins Lager der Reaktion.

Warum habe ich von diesem langen politischen Konflikt erzählt, der im übrigen noch seines Historikers harrt? Warum von ihm und nicht irgendeinem anderen, da ich doch so viele erlebt habe? Bei der Niederschrift dieser Erinnerungen habe ich kein anderes Ziel verfolgt als das, an die menschliche Seite dieses Falls zu erinnern – die wunderbar war, die alle Menschen ohne Unterschied anrühren kann. Ich habe vor allem dem Wunsch nachgegeben, hier mitzuteilen, hier noch einmal zusammenzusetzen (ehe all dies ganz unverständlich geworden sein wird), was für einen Zustand des Geistes und der Gefühle ich damals erlebte, ich, meine Generation und die angrenzenden. Da ich einer der letzten Augenzeugen bin, wollte ich mein Zeugnis niederlegen. Aber nach dem Selbstmord Henrys und der Eröffnung des Revisionsverfahrens findet dieser innere Ausnahmezustand keine Stütze, keine Nahrung mehr, und demgemäß verlieren weitere Aufzeichnungen meinerseits ihren Wert. Der einzigartige Zeitraum hat geendet; das gewohnte Leben beginnt wieder.

Den Kampf, von dem ich hier berichte – der wurde gewonnen, eindeutig und vollständig gewonnen, weil Dreyfus im Krieg mit seinen Offizierstressen dienen konnte, weil er alt und gelassen im Familienkreise starb, weil es auf der ganzen Welt in keinem Land auch nur ein einziges denkendes Wesen gibt, das einen Zweifel an seiner Unschuld hegen könnte, weil die Geschichte, die seinen Namen und sein legendäres Abenteuer aufbewahren wird, bereits ihr Urteil gesprochen hat. Die weitere Affäre oder besser die Nachwehen der Affäre, die sich im politischen Kampf entwickelten, sollten dagegen nur zu einem prekären, unsicheren Ergebnis führen. Die postdreyfusardische Koalition blieb während einiger Jahre scheinbar siegreich. Combes regierte herrisch seine Mehrheit und mit der Mehrheit das Land. Jaurès schien zu herrschen, während Combes regierte. Doch ab 1906 brach Clemencau mit Jaurès. Auf den Ruinen der postdreyfusardischen Koalition errichtete er einen ersten nationalen Block, der sich gegen den Sozialismus bewaffnete und verschanzte. Dann folgte Briand; er zerstreute den Block der Linken ebenso wie den nationalen Block – er ebnete alles ein, beruhigte alles. Zehn, zwölf Jahre nach dem Selbstmord in Mont-Valérien und dem Prozeß von Rennes hatte das parlamentarische Leben fast genau wieder die alte Gestalt angenommen.

Die Gruppierungen der Affäre waren zerbrochen; ihre Kraft der Begeisterung und Erneuerung war erschöpft. Es kamen wieder dieselben persönlichen Rivalitäten, dieselben Antagonismen oder Bündnisse von unscharf umrissenen Gruppen, dieselben prinzipienlosen Debatten. Die radikale Partei sollte sich erst am Vorabend des Kriegs wieder herausbilden, aber unter anderen Einflüssen. Allein die sozialistische Partei hatte dank Jaurès' genialer Voraussicht ihre Einheit gewonnen und ihre Macht verstärkt. Die Reaktionäre, die Erben der Widerstandspartei, hatten nach der arroganten Verachtung Waldecks die Faust von Combes zu spüren bekommen, das Gesetz über die Trennung von Kirche und Staat folgte dem Vereinsgesetz. Die republikanische Verfassung und die republikanischen Grundprinzipien wiesen von nun an all ihre Angriffe ab. Aber die Niederlage der Reaktionäre war ebensowenig dauerhaft oder tiefgreifend wie der Sieg des gegnerischen Lagers. Ihre eigentliche Kraft war nicht zerstört, kaum verändert. Das merkte man, als es auf den Krieg zuging; man merkte es noch deutlicher nach Kriegsende.

Bei dieser weiteren Affäre hat also niemand gewonnen oder verloren. Uns ist die revolutionäre Erneuerung nicht gelungen; die Führer des Widerstands haben die Republik nicht zerstört und nicht unter das Joch der Tradition gebracht. Die Krise mochte an der Oberfläche lange, gewaltige Wellen schlagen, das Land in seiner Tiefe rührte sie nicht auf. Als der Sturm einmal vorbei war, befand sich Frankreich mehr oder weniger wie zuvor. Seltsames Schauspiel, das Anlaß zu vielen bitteren Überlegungen geben könnte, zu tiefer Enttäuschung, fast zum Verzicht auf alles Handeln. Wie! Jahrelang hatte eine beispiellose Leidenschaft das Leben der einzelnen und das der Gesellschaft in Besitz genommen und aufgewühlt! Man hatte sich selbst völlig verändert gefühlt; auch alles ringsumher schien anders! Und nun, so rasch nach dem Ende dieser grellen Zeit, kaum, daß die Temperatur wieder gesunken war, fanden sich Gesellschaft, Politik, Gruppen und Individuen genau so wieder, wie sie gewesen waren, als sei gar nichts geschehen! Wen diese traurige Diagnose erstaunt, der mag sich an etwas erinnern, das gar nicht so lange zurückliegt – an den Krieg und die Nachkriegszeit. Auch während des Krieges hatte sich jeder als ein anderer gefühlt und geglaubt, um sich her andere Menschen, eine andere Welt zu sehen. Alle hatten sich gesagt: Wenn diese Zeit der Prüfung vorüber ist, werde ich in einem neuen Land leben, in einer neuen Welt, mit Menschen, die mit mir durch ganz neue Beziehungen verbunden sind – wobei jeder sich die Erneuerung des Landes, der Welt, der menschlichen Beziehungen auf seine eigene Weise vorstellte. Und am Ende war doch nur die Oberfläche vom Sturm aufgerührt worden; die schweren Tiefen blieben regungslos. Als der Aufruhr der Wellen nachließ, erschien derselbe Ozean unter demselben Himmel, man sah die gleiche Welt sich wiederherstellen. Vor oder nach der Affäre, vor oder nach dem Krieg – was hat sich in Frankreich wirklich von Grund auf verändert?

Trifft es zu, was man oft wiederholen hört: daß das gesellschaftliche Leben in Frankreich einem besonderen Gesetz der Stabilität gehorcht? Möglich: Die revolutionären Veränderungen sind einander in Frankreich seit anderthalb Jahrhunderten in kurzen Abständen gefolgt, aber man könnte mit demselbem Recht behaupten, daß sie, so häufig sie auch waren, genau besehen nur den äußeren Anschein verändert haben. Es ist wahr, daß in den hundert Jahren, die auf die Französische Revolution – auf die wahre – gefolgt sind, unser Land in Wirklichkeit kaum mehr als leichte Erschütterungen verspürt hat, daß es keinen sehr großen Unterschied zwischen dem napoleonischen Kaiserreich und der Restauration, zwischen der Restauration und der Monarchie mit dem Zensuswahlrecht, zwischen dieser und dem liberalen Kaiserreich, jenem und der konservativen Republik gibt. Viele Male ist bei uns die Macht vergebens in andere Hände gelegt worden – und es mag sein, daß die politische Skepsis der Massen teilweise daher kommt. Aber wie soll dieses Gesetz der Stabilität eine Besonderheit Frankreichs sein, da doch die Phänomene, die es beschreiben will, keine besonderen sind? Die großen politischen Krisen haben England auch nicht stärker verändert als Frankreich. Spüren wir in diesem Augenblick nicht, wie die schlimmste aller Obsessionen immer stärker auf uns allen lastet: die, wieder im Europa des Jahres 1914 leben zu wollen, sehen zu dürfen, wie die politischen Kräfte sich unter denselben Zeichen und nach denselben Systemen sammeln?

Muß man also die Erklärung in der materialistischen Geschichtsinterpretation suchen? Wenn nach der Affäre und nach dem Kriege die Gesellschaft stillschweigend an denselben Punkt zurückgekehrt ist – geschah es deshalb, weil es keine Auseinandersetzung zwischen den Klassen gegeben hat, weil die sozialen Beziehungen sich nicht verändert haben, weil nichts wirklich am »Menschenleben« angesetzt hat, an der Arbeit, dem Verdienst, der Sicherheit, den Möglichkeiten, zu wohnen, zu essen, sich zu kleiden, der Art und Weise, wie Gewinn entsteht, benutzt wird, weitergegeben wird? Diese Ebene müßte man erreichen, wie es die Revolution von 1789 getan hat. Dann gerät die reglose Schwere in Bewegung, dann steigen die großen Wogen vom Grunde auf, die großen Verschiebungen der Wassermassen, welche die Oberfläche auf Dauer umstürzen und verändern. Haben deshalb die historischen Krisen wie die Affäre oder der Krieg geringere Spuren in unserer Welt hinterlassen als eine simple industrielle »Überproduktionskrise«, die ihrem Wesen nach chronisch ist, aber sich dieses eine Mal über die normale Dauer hinaus verlängert hat? Ich gebe diese Gedanken oder besser diese offenen Fragen an den Leser weiter, weil sie sich auf natürliche Weise aus meinem Thema ergeben, aber ich will mich nicht mit ihnen aufhalten, ich verbiete es mir, sie zu verfolgen. Sie würden mich in das gegenwärtige Leben zurückholen, von dem mich auf einige Stunden der Aufruf der Vergangenheit entfernt hat, die Heraufbeschwörung der

Jugend, der »wiedergefundenen Zeit«, der verlorenen Freunde. Ehe das letzte Blatt umgewendet wird, gönne ich mir noch einen Augenblick der Zurückgezogenheit: Jener schützende und wohltuende Schatten ist es, den ich nacherschaffen will, daß er sich noch einmal über mich breite.

*

Dreyfus und Zola auf einer zeitgenössischen Postkarte

Léon Blum redet auf einer Versammlung, 1935, zur Zeit der Niederschrift seiner Erinnerungen an die Affäre.

Anmerkungen

Die folgenden Notizen sind lediglich winzige Ergänzungen des bei Blum Angedeuteten; sie fassen das, was aus Blums Text ohnehin hervorgeht, nicht noch einmal zusammen. Die bis zur Ungerechtigkeit kurzen Hinweise sollen in den meisten Fällen nur eine allererste weitere Orientierung ermöglichen. Was vom Leser mit Leichtigkeit nachgeschlagen werden kann, bleibt hier weg. Es wurde auch nicht versucht, alle die nur einmal – in einem sich selbst erläuternden Zusammenhang – auftauchenden Personennamen zu kommentieren. Diese Notizen sollen lediglich an den wichtigeren Stellen einen Zusammenhang erläutern, der einer Mehrzahl der Leser unklar sein könnte oder den groben Umriß einer Biographie geben.

J. K.

S. 15 Der Holzschnitt von Félix Vallotton (1865–1925) erschien als Titelblatt des *Cri de Paris* vom 1. Oktober 1899 (abgebildet in: Ashley St. James u. a., *Vallotton dessinateur de presse*, Paris 1979, No. 72)

S. 15 Major Mercier Du Paty de Clam (1853–1916). Marquis und Mitglied des Generalstabs. Zeuge gegen Dreyfus; zunehmend in Esterhazys Intrigen verstrickt.

S. 16 Marie-Georges Picquart (1854–1914). Der Stabsoffizier Lieutenant-Colonel Picquart, dem auf dienstlichem Wege Material unterkam, das Esterhazy belastete, war schließlich von der Unschuld Dreyfus' überzeugt und sah sich infolgedessen allen möglichen Schikanen und einer Verleumdungskampagne seiner Vorgesetzten ausgesetzt. Seine Entlassung aus der Armee wurde 1906 mit demselben Gesetz rückgängig gemacht, das auch Dreyfus wieder in die Armee aufnahm.

S. 17 Jean Jaurès (1859–1914). Journalist, Historiker, Führer der sozialistischen Partei. Seine Ermordung am 31. Juli 1914 durch einen fanatischen Nationalisten, deren unmittelbarer Grund sein leidenschaftliches Engagement gegen den drohenden Krieg war, kann auch als späte Folge seiner während der Affäre Dreyfus bei der französischen Rechten erworbenen Verhaßtheit gesehen werden. Die Asche Jaurès' wurde 1924 ins Pantheon überführt.

S. 17 Bernard Lazare (1865–1903), einer der frühesten Dreyfusards, brachte mit Veröffentlichungen wie *Une erreur judiciaire: La verité sur l'Affaire Dreyfus* (1896) die Kampagne für Dreyfus wesentlich mit in Gang. Er nahm 1898 am zweiten Zionisten-Kongreß teil, zerstritt sich aber mit Herzl.

S. 17 Lucien Herr (1864–1926). Bibliothekar der École normale supérieure in der Rue d'Ulm, von größtem Einfluß auf Generationen von Studenten (Charles Andler, Péguy, Blum selbst). Sozialist; 1889 Mitglied der revolutionären Arbeiterpartei. Unterstützt 1904 Jaurès bei der Gründung der Zeitschrift *L'Humanité*, deren Name auf ihn zurückgehen soll. Carl J. Burckhardt hat ihm in der Skizze »Ein Vormittag beim Buchhändler« (1951) ein kleines Denkmal gesetzt.

S. 17 Francis de Pressensé (1853–1914). Sohn des berühmten Theologen (*L'Église et la Révolution*, 1864) Edmond Dehaut de Pressensé. Sozialistischer Politiker und Journalist.

S. 17 Anna de Noailles (1876–1933), Dichterin und Schriftstellerin; Mittelpunkt eines wichtigen literarischen Salons. 1922 als erste Frau in die belgische Académie Royale de langue et de littérature françaises aufgenommen.

S. 17 Lucien Lévy-Bruhl (1857–1939). Moralphilosoph und Ethnologe. Sein einst einflußreiches Hauptwerk *La Mentalité Primitive* (1922), das für die schriftlosen Gesellschaften eine »prälogische« Mentalität behauptet, wurde von Durkheim scharf kritisiert und ist heute eher ein wissenschaftsgeschichtliches Kuriosum.

S. 17 Marcel Prévost (1862–1941). Romancier und Dramatiker. Skandalerfolg mit *Les demi-vierges* (1894).

S. 19 Michel Bréal (1832–1915). Philologe und Religionshistoriker. Seit 1866 Professor für Vergleichende Grammatik am Collège de France. Mitbegründer der Semantik durch seinen *Essai de Sémantique* (1897).

S. 20 Marie-Charles-Ferdinand Walsin-Esterhazy (1847–1923). Illegitimer Abkömmling des französischen Zweiges der austro-hungarischen Familie Esterhazy. Der klassische Typus des verschuldeten Spielers und Weiberhelden. Esterhazy bot sich 1894 dem deutschen Militärattaché Schwarzkoppen als Spion an und lieferte ihm unter anderem die Pläne für die Mobilmachung der französischen Artillerie im Kriegsfall. Die Dreyfus zugeschriebene Liste der an Schwarzkoppen gelieferten Aktenstücke, das berühmte »bordereau«, stammte von Esterhazy. Die Kabale im Generalstab, die sich für Dreyfus' Schuld entschieden hatte, suchte Esterhazy trotz seiner zusehends stärker hervortretenden Zwielichtigkeit zu halten. Nach der endgültigen Diskreditierung der antidreyfusistischen Machenschaften floh er nach England, wo er auch starb.

S. 24 Charles Péguy (1873–1914). Bedeutender Lyriker, Essayist und Publizist (*Les cahiers de la Quinzaine*, 1900 ff.) Romantischer Sozialist, der sich, nicht zuletzt aus Enttäuschung durch das mangelnde Nationalgefühl der sozialistischen Partei, ganz einem idiosynkratischen Katholizismus zuwandte. Péguy fiel in der Marneschlacht.

S. 25 Auguste Scheurer-Kestner (1833–1899), Senator auf Lebenszeit und Vizepräsident des Senats. Hochgeachteter Politiker, der sich bis zu seinem Tode für Dreyfus einsetzte.

S. 29 Der »Ulan«: Ein Übername Esterhazys, seit der höchst kompromittierende Briefwechsel mit seiner Cousine Mme. de Boulancy bekannt geworden war. In diesen Briefen träumt Esterhazy, der sich über die mangelnde Loyalität der französischen Armee und der Nation ihm gegenüber beklagt, davon, als (preußischer) Ulan Frankreich zu verwüsten.

S. 31 Hubert-Joseph Henry (1847–1898). Colonel; zuerst in der statistischen Abteilung des Generalstabs, dann Leiter des militärischen Geheimdienstes. Zentralfigur der Intrige gegen Dreyfus. Verfälschte und erfand diverse Aktenstücke, die jenen belasten sollten. Mußte schließlich seine Fälschungen 1898 vor Cavaignac eingestehen und beging sogleich danach Selbstmord. Ob er der eigentliche Drahtzieher der Affäre war – eine Ansicht, zu der Blum neigt –, ist noch immer umstritten. Wie Blum schreibt: »Die Affäre Dreyfus ist klar. Die Affäre Henry wird es wohl niemals sein.«

S. 31 Godefroy Cavaignac (1853–1905). Kriegsminister 1895–96 und 1898. Seine antidreyfusistische Haltung hatte um so größeres Gewicht, als er aus einer berühmten republikanischen Familie stammte.

S. 32 Félix Faure (1841–1899). Präsident der Republik von 1895–1899.

S. 32 Paul Déroulède (1846–1914). Dichter; boulangistischer Abgeordneter; Anführer der Liga der Patrioten, an deren Spitze er während des Begräbnisses von Félix Faure einen erfolglosen Putschversuch unternahm. Unmittelbar vor dem Prozeß von Rennes, für den er riesige Demonstrationen geplant hatte, wurde er verhaftet. Nachdem Dreyfus begnadigt worden war, wurde Déroulède zu zehn Jahren Verbannung verurteilt.

S. 32 Maurice Barrès (1862–1923). Boulangistischer Abgeordneter für Nancy 1889–1893. 1898 einer der Mitbegründer der Ligue de la Patrie Française, deren Präsident er als Nachfolger von Paul Déroulède 1914 wurde. Die von Blum erwähnten Romane *Sous l'Œil des Barbares* und *Un Homme libre* gehören mit *Le Jardin de Bérénice* zu der Trilogie *Le Culte de Moi* (1888/1891), einem typischen Werk des elitären neoromantischen Individualismus. Die späteren Romane Barrès' sind völkisch;

typisch ist der erste Teil der Trilogie *Le roman de la énergie nationale*, die 1897 erschienenen *Les Déracinés*, der die Lebenskatastrophe von sieben durch die humanistisch-liberalen Ideen ihres Lehrers »entwurzelten« Gymnasiasten schildert.

S. 33 Joseph Reinach (1856–1921). Historiker und Schriftsteller. Neffe des in den Panamaskandal verwickelten und bei dessen Aufdeckung wohl durch Selbstmord aus dem Leben geschiedenen Baron de Reinach. Hatte im Stab von General de Galliffet gedient. Später verfaßte er eine monumentale *Histoire de l'Affaire Dreyfus*.

S. 34 Léon Gambetta (1838–1882). Genuesisch-jüdischer Herkunft. Als Kriegsminister Organisator des hinhaltenden Widerstandes gegen die deutschen Truppen im Krieg von 1870/71. Berühmt durch seine Flucht im Ballon aus dem belagerten Paris. Gehörte nach der Kapitulation Napoleons III. zu den Proklamatoren der Republik am 4. September 1870 und setzte diese Staatsform später dann auch in der Nationalversammlung gegen den Monarchismus durch. Obwohl er nur zwei Monate 1881–82 das Amt des Ministerpräsidenten innehatte, war er einer der einflußreichsten Politiker der Epoche.

S. 34 Félix-Jules Méline (1838–1925). Ministerpräsident 1896–1898.

S. 41 Edouard Drumont (1844–1917). Der einflußreichste antisemitische Agitator seiner Zeit, vor allem durch sein Buch *La France Juive* (1886), das der Anlaß für Léon Bloys *Le salut par les Juifs* wurde. Seine 1892 gegründete Zeitschrift *La Libre Parole* nährte sich ebenfalls wesentlich von antisemitischen Themen und wurde naturgemäß zu einem führenden Organ der antidreyfusistischen Hetze.

S. 41 Charles Maurras (1868–1952). Führender Kopf der 1899 gegründeten rechtsradikalen Action française. Nach dem Zweiten Weltkrieg als Kollaborateur zu lebenslanger Haft verurteilt, doch rasch begnadigt.

S. 41 Amadée de Vallombrosa, Marquis de Morès (1858–1896). Abenteurer – dessen Projekte ihn in den amerikanischen Westen, nach Tonkin und in den Sudan führten – und berühmter Duellant, involviert in der rechtsradikalen und antisemitischen Bewegung, zeitweiliger Mitarbeiter Drumonts.

S. 43 Georges Boulanger (1837–1891). General; 1886–87 Kriegsminister (als Protégé Clemenceaus). Gründete eine rechtspopulistische Bewegung, der es eine Zeitlang gelang, die widersprüchlichsten Elemente der Unzufriedenheit zu einer Allianz zu vereinen, die 1889 kurz vor der Machtergreifung zu stehen schien. Nach dem Scheitern dieses Versuchs floh er nach Belgien, 1890 löste er das Comité National Boulangiste auf. Im folgenden Jahr erschoß er sich am Grab seiner Geliebten in Brüssel.

S. 43 Panamaskandal: Nach der Fertigstellung des Suezkanals 1869 wandte sich der Diplomat und Finanzier Ferdinand Vicomte de Lesseps dem Projekt eines Panamakanals zu, an dem die Arbeit 1881 begonnen wurde. 1888 mußte sie eingestellt werden, weil die Mittel fehlten; 1892–93 wurde ein Verfahren gegen die Leitung des Unternehmens eröffnet, und fünf Direktoren, darunter Lesseps, wurden zu Haftstrafen wegen Unterschlagung verurteilt; das Urteil wurde dann aufgehoben. Da das Parlament 1888 eine Lotterieanleihe bewilligt hatte, um die Finanzkrise des Unternehmens zu lösen, war der endgültige Zusammenbruch der Firma Anlaß massiver antirepublikanischer Polemik der Rechten; tatsächlich waren viele Abgeordnete nachweislich bestochen worden, um die Anleihe durchzusetzen. Einer der Schlüsselfiguren des Korruptionsskandals, Cornélius Herz, stand Clemenceau nahe. Der Panamaskandal unterbrach dessen politische Karriere abrupt.

S. 44 Der 6. Februar 1934. An diesem Tag sammelte sich eine große Menge rechtsradikaler Gruppen zu einer Demonstration gegen die durch den Stavisky-Skandal geschwächte Regierung und setzte zum Sturm auf das Parlament an. Die Polizei griff ein und es kam zu blutigen

Kämpfen; fünfzehn Demonstranten wurden getötet und über tausend verletzt. Ministerpräsident Daladier trat angesichts eines drohenden Bürgerkriegs zurück und Gaston Doumergue versuchte, ein Kabinett der nationalen Einheit zu bilden.

S. 46 René Waldeck-Rousseau (1846–1904). Ministerpräsident von 1898 bis 1900.

S. 46 Émile Combes (1835–1921). Ministerpräsident 1902–1905.

S. 46 Die Ermordung des Gerichtsrats Prince: Der mit der Untersuchung des gigantischen Finanzsskandals der sogenannten Affäre Stavisky beauftragte Albert Prince (1883–1934) beging auf einem Eisenbahngleis in der Nähe von Dijon Selbstmord. Die Gerüchte, er sei ermordet worden, weil er bei seinen Untersuchungen belastendes Material über hohe Politiker gefunden habe, wollten nicht verstummen.

S. 48 Die Affäre Syveton: Seit etwa 1890 hatte die Großloge der französischen Freimaurer (in einer Zeit scharfer Auseinandersetzungen zwischen Freimaurerei und katholischer Kirche) eine Kartei der Offiziere der französischen Armee angelegt, in welcher deren jeweilige religiöse Neigung verzeichnet stand. In dieser Angelegenheit standen führende Freimaurer in Verbindung mit dem Attaché des Kriegsministers, dem General André. Ein Angestellter des Sekretariats der Großloge verkaufte die Kartei an einen nationalistischen Abgeordneten. Dessen Kollege Gabriel Syveton – Historiker und Gründungsmitglied der Ligue de la Patrie française – ohrfeigte auf Grund dieser Enthüllung den mittlerweile selbst zum Kriegsminister avancierten André während einer Parlamentssitzung am 4.11.1904 zweimal; André mußte zurücktreten. Wegen seiner brachialen Attacke sollte Syveton sich jedoch vor Gericht verantworten. Am Vorabend der Verhandlung wurde er in seinem Büro tot aufgefunden. Dies wurde in der antifreimaurerischen Publizistik als Logenverbrechen kolportiert, obwohl die Polizei einen Selbstmord konstatierte. Daß es sich um einen Mord – aus welchen Gründen auch immer – handelte, glaubten allerdings die meisten. Syveton war in verschiedene Zwielichtigkeiten verstrickt – man ermittelte gegen ihn wegen Veruntreuung von Mitteln der Liga; seine Schwiegertochter bezichtigte ihn, sie vergewaltigt zu haben. Jaurès vertrat hartnäckig die Ansicht, es müsse sich um einen Mord gehandelt haben.

S. 49 Jules Lemaître (1853–1914). Konservativer Lyriker und Erzähler. Interessant als Kritiker (*Les contemporains*, 1896 ff.)

S. 49 François Coppée (1842–1908). Sentimentaler Lyriker mit einem Faible für die »Kleinen Leute« (*Les humbles*, 1871). Académicien seit 1884.

S. 49 Henri Rochefort (1830–1913). Vielseitiger Schriftsteller und glänzender Polemiker, dessen Zeitschrift *La Lanterne* (1868 ff.) zu einem der Vorbilder für die *Fackel* von Karl Kraus wurde. Unter Napoleon III. mehrfach inhaftiert. Nach dem Sturz der Commune, die er unterstützt hatte, wurde er nach Neukaledonien deportiert, von wo ihm ein Jahr später die Flucht gelang (welche Gegenstand eines berühmten Bildes von Manet ist: zwei Versionen – 1880/1881 – im Musée d'Orsay und im Kunsthaus Zürich; sein Porträt, ebenfalls von Manet, hängt in der Hamburger Kunsthalle). Nach der Amnestie von 1880 kehrte er zurück und gründete die Zeitung *L'Intransigeant*, deren Name Rocheforts Programm signalisierte, das nun allerdings eine antirepublikanische Wendung einschloß. Er trat auf die Seite Boulangers, nach dessen Sturz er erneut fliehen mußte. Bis 1895 blieb er in London. Reinach gewann während der Affäre einen Prozeß gegen den *Intransigeant* wegen der dort abgedruckten persönlichen Beleidigungen.

S. 51 Jules Ferry (1823–1893). Bürgermeister von Paris während der deutschen Belagerung 1870–71. Ministerpräsident 1880–81 und 1883–85; setzte die allgemeine Schulpflicht durch. Seine Politik des systematischen Erwerbs von Kolonien wurde häufig von der Rechten kritisiert, weil sie Frankreich von der Auseinandersetzung mit seinem eigentlichen Feind Deutschland ablenke.

S. 53 Paul Bourget (1852–1935). Überaus erfolgreicher psychologischer Erzähler des Fin de Siècle, dessen mondäne Romane den Naturalismus ablösten.

S. 55 Pierre Louys (1870–1924). Erzähler und antikisierender Lyriker (*Les Chansons de Bilitis*, 1894) des Symbolismus. Sein Hauptwerk dürfte der posthum 1926 veröffentlichte pornographische Roman *Trois Filles de leur Mêre* sein.

S. 57 Geneviève Bizet-Straus (1845–1926). Madame Émile Straus, deren erster Gatte, der Komponist Georges Bizet, 1875 verstorben war, hatte den Rechtsanwalt Straus geheiratet und führte einen berühmten Salon in der Rue de Douai. Proust, der mit ihrem Sohn Jacques Bizet zusammen die Volksschule besucht hatte, verwendet Züge dieser Frau bei der Charakterisierung der Herzogin von Guermantes und Odettes.

S. 57 Félix Fénéon (1861–1944). Großer Literatur- und Kunstkritiker. Im »Prozeß der Dreißig« – dem berühmten Anarchistenprozeß von 1894 – sagte Mallarmé zu seinen Gunsten aus. Ein schönes Porträt von Vallotton zeigt ihn im Büro der *Revue Blanche* (Privatbeitz; im Katalog der Nabis-Ausstellung in Zürich 1993 die Nr. 121). Seine *Œuvres plus que complètes* erschienen in zwei Bänden Genf/Paris 1970.

S. 57 Tristan Bernard (1866–1947). Romancier; vor allem Verfasser von geschickt konstruierten Boulevardkomödien.

S. 57 Octave Mirbeau (1848–1917). Bedeutender Romancier im weiteren Umkreis des Naturalismus (*Sébastian Roch* 1890; *Le jardin des supplices* 1899; *Le journal d'une femme de chambre* 1900, usw.)

S. 58 Raymond Poincaré (1860–1934), der Vetter des Mathematikers Jules Poincaré (1854–1912). Abgeordneter seit 1887, später Senator, Minister und 1911–13, 1922–24 und 1926–29 Ministerpräsident.

S.58 Edmond Rostand (1868–19189). Dramatiker und Lyriker, seinerzeit hochberühmt durch Stücke wie *Cyrano de Bergerac* (1897) und *L'Aiglon* (1900).

S.58 Jules Renard (1864–1910). Großer Erzähler (*Poil de carotte* 1894, *L'Écornifleur* 1892 usw.); Dramatiker. Sein Tagebuch – 1960 in der Bibliothèque de la Pléiade – umfaßt die Jahre 1887–1910.

S.58 Alphonse Allais (1855–1905). Mitbegründer des Kabaretts *Le Chat Noir*; Verfasser von Komödien, Romanen und groteskkomischer kleiner Prosa.

S.59 José Maria de Hérédia (1842–1905). Lyriker des »Parnasse«; Hauptwerk: *Les Trophées* (1893).

S.59 Gaston de Caillavet (1869–1915). Autor burlesker Theaterstücke, oft in Zusammenarbeit mit Robert de Flers. Mit Proust befreundet. Im Salon seiner Mutter Mme. Arman de Caillavet - einem der Vorbilder für Madame Verdurin – begegnete Proust deren Liebhaber Anatole France.

S.59 Aristide Briand (1862–1932). Sozialist, mit Jaurès Begründer der *Humanité*. Elfmal Ministerpräsident, 1925–1932 Außenminister. Erhielt mit Stresemann zusammen den Friedensnobelpreis.

S.59 Ferdinand Lassalle. Die Anspielung zielt auf Lassalles Liaison mit der Gräfin Hatzfeld und insbesondere auf seine leidenschaftliche Werbung um Helene von Döniges, die schließlich zu dem tödlichen Duell (28. August 1864) mit ihrem ehemaligen Verlobten Janko von Racowitza führte.

S.61 Henri Brisson (1835–1912). Ministerpräsident Juni – November 1898.

S.62 Der schmähliche Auftritt in Auteuil, dessen Opfer Präsident Loubet wurde: Der Präsident – der von 1899–1906 amtierte – wird am 4. Juni 1899 auf dem Rennplatz von Auteuil von einer Bande meist aristokratischer Nationalisten, angeführt von Paul Déroulède, angepöbelt und verletzt; der Baron Christiani, der ihn schlägt, wird später zu vier Jahren Gefängnis verurteilt. Der Vorfall führt zu einer riesigen sozialistischen Demonstration am 11. Juni.

S.66 Jean Louis Barthou (1862–1934). Wurde nach verschiedenen Kabinettsposten 1913 Ministerpräsident, gehörte den Kriegskabinetten des Ersten Weltkriegs an und war in der Zwischenkriegszeit mehrfach Justizminister. Er kam in Marseilles zusammen mit König Alexander I. von Jugoslawien bei einem Attentat ums Leben.

S.65 Die Politik Leos XIII. (1810–1903) zeigt widersprüchliche Züge; neben höchst konservativen Maßnahmen zwang er – darauf spielt Blum an – 1894 den französischen Klerus und die Monarchisten, die Republik zu akzeptieren.

S.67 General Charles Chanoine, Kriegsminister der Regierung Brisson, erklärte bei der Eröffnung des Parlaments von der Tribüne, er teile die Meinung seines Vorgängers hinsichtlich der Schuld Dreyfus' und trete zurück. Die dramatische Aktion war möglicherweise mit Paul Déroulède abgesprochen, der mit zahlreichen nationalistischen Demonstranten gekommen war und bei Beginn der Sitzung wie zufällig den Namen des Generals rief.

S.68 Comte Albert de Mun (1841–1914). Katholischer Sozialpolitiker, Mitbegründer der konservativen Bewegung der *Cercles catholiques d'ouvriers*.

S.76 Roger Martin du Gard (1881–1958). Das Hauptwerk des Romanciers ist der Zyklus *Les Thibault* (1922–1940). Der Roman *Jean Barois*, der den Autor bekannt machte, erschien 1913.

S. 91 Alphonse Bertillon (1853–1914). Seit 1880 Leiter des Erkennungsdienstes der Police Judiciaire. 1894 und erneut beim Prozeß in Rennes 1899 behauptete er als Handschriftenexperte, Dreyfus müsse die notorische Liste verfaßt haben. Seine ausführlichen Gutachten in dieser Sache tragen in der Tat Züge eines Wahnsystems. Immerhin müssen wir bedenken, daß Dr. Mortimer bei seinem Besuch in der Baker Street, als er Sherlock Holmes die Geschichte vom Hund der Baskervilles vorträgt (1902), den Detektiv als den »zweitgrößten Experten in Europa« begrüßt. Auf Holmes' pikierte Gegenfrage, wer denn die Ehre habe, der erste zu sein, erwidert Mortimer: »To the man of precisely scientific mind the work of Monsieur Bertillon must always appeal strongly.« Er bezieht sich hier auf die *bertillonage* – die elaborierte Methode vielfältiger Messungen am menschlichen Körper, die bis zur Entdeckung der Singularität des menschlichen Fingerabdrucks das avancierteste Identifikationssystem der Polizei darstellte.

Léon Blum,

geboren 1872 wurde von der Dreyfus-Affäre politisch geprägt und gehörte 1902 zu den Mitbegründern der Sozialistischen Partei Frankreichs. Als Gegner nationalistischer Politik protestierte er in den zwanziger Jahren gegen die französische Ruhr-Besetzung. 1936 wurde er Ministerpräsident der Volksfront-Regierung und setzte zahlreiche soziale Reformen durch, allen voran das Recht auf bezahlten Urlaub. 1940 ließ das Vichy-Regime Blum verhaften und 1943 an Deutschland ausliefern. Er überlebte Buchenwald und Dachau und wurde 1946, nach der Befreiung, erneut französischer Ministerpräsident. Blum starb 1950.

Die Originalausgabe erschien 1935 unter dem Titel *Souvenirs de l'affaire*
bei Editions Gallimard, Paris

Ausstattung | Gestaltung: Groothuis, Lohfert, Consorten | glcons.de
Gesetzt aus der Janson BQ.
Fotos: Einband dpa, Frontispiz, S. 103, S. 104 von akg-images,
S. 12 von Studio Patellani/corbis
Reproduktion: Frische Grafik, Hamburg
Druck und Bindung: Clausen & Bosse, Leck
Printed in Germany. ISBN 3-937834-07-9